Livre de données sur le tir sportif

Ce livre fait partie de :

Ce livre de tir sportif de qualité supérieure, pratique et facile à utiliser, avec une couverture moderne et de qualité supérieure pour les tireurs, les tireurs, les tireurs, les tireurs, est conçu de manière professionnelle pour vous aider à tenir des registres détaillés des dates, heures, lieu, arme à feu, type de viseur, munitions, profondeur d'assise, distance, poudre, amorce, laiton, pages de tableau.

Livre de données sur le tir sportif

📅 Date: _________________　🕐 Temps: _________

📍 Localisation: _______________________________

Conditions météorologiques

☐　☐　☐　☐　☐　☐

Armes à feu:	
Balle:	Profondeur d'assise:
Poudre:	Céréales:
L'abécédaire:	
Laiton:	
Distance:	

Résultats globaux

☐ Mauvais　☐ Juste　☐ Bon　☐ Excellent

Notes complémentaires

____

____

☆ ☆ ☆ ☆ ☆

Une idée de cadeau parfaite pour les débutants et les professionnels

Livre de données sur le tir sportif

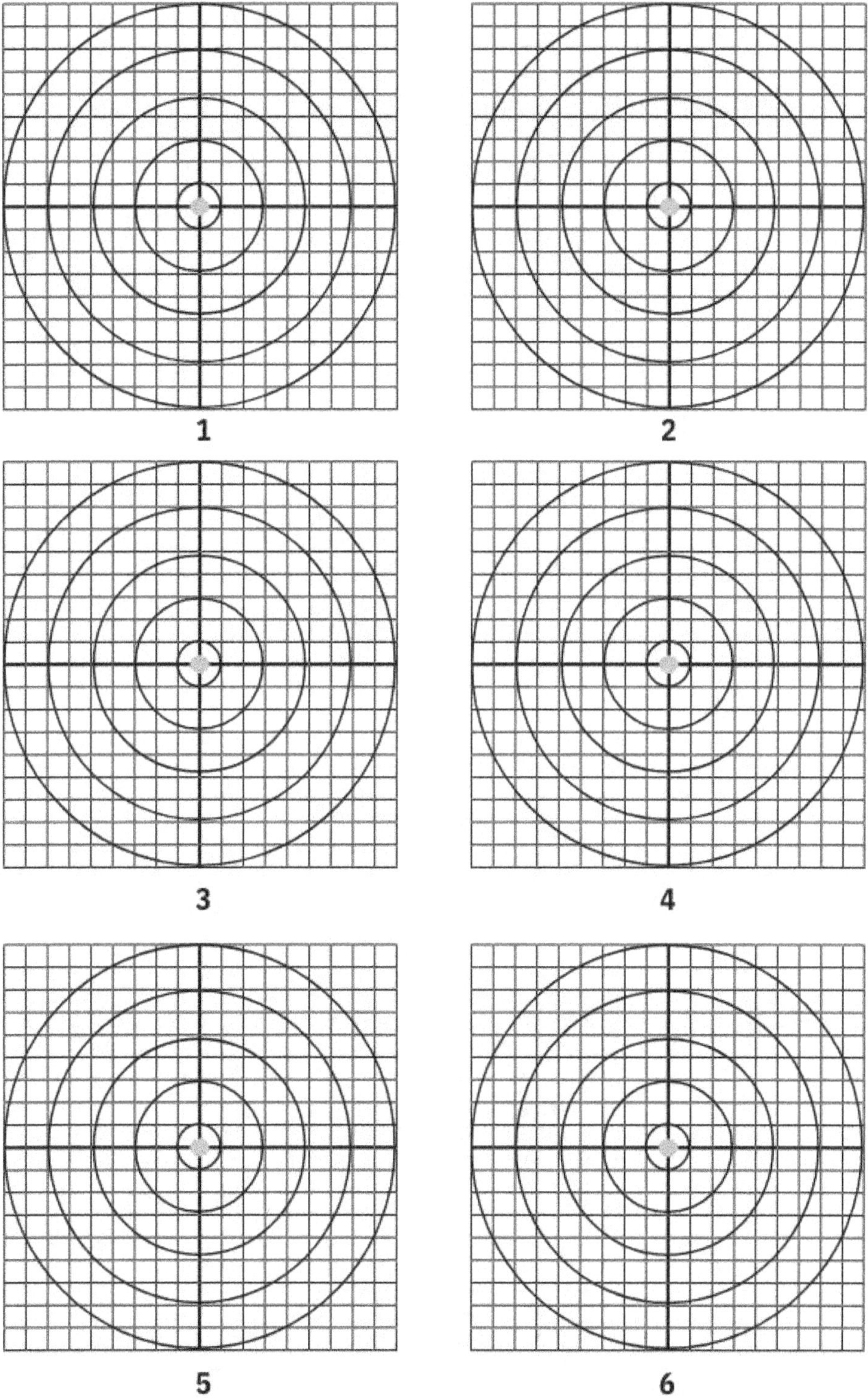

Une idée de cadeau parfaite pour les débutants et les professionnels

Livre de données sur le tir sportif

Date: _________________________   Temps: _________

Localisation: _________________________________

Conditions météorologiques

☐   ☐   ☐   ☐   ☐   ☐

Armes à feu:	
Balle:	Profondeur d'assise:
Poudre:	Céréales:
L'abécédaire:	
Laiton:	
Distance:	

Résultats globaux

☐ Mauvais   ☐ Juste   ☐ Bon   ☐ Excellent

Notes complémentaires

____

____

____

☆ ☆ ☆ ☆ ☆

Une idée de cadeau parfaite pour les débutants et les professionnels

Livre de données sur le tir sportif

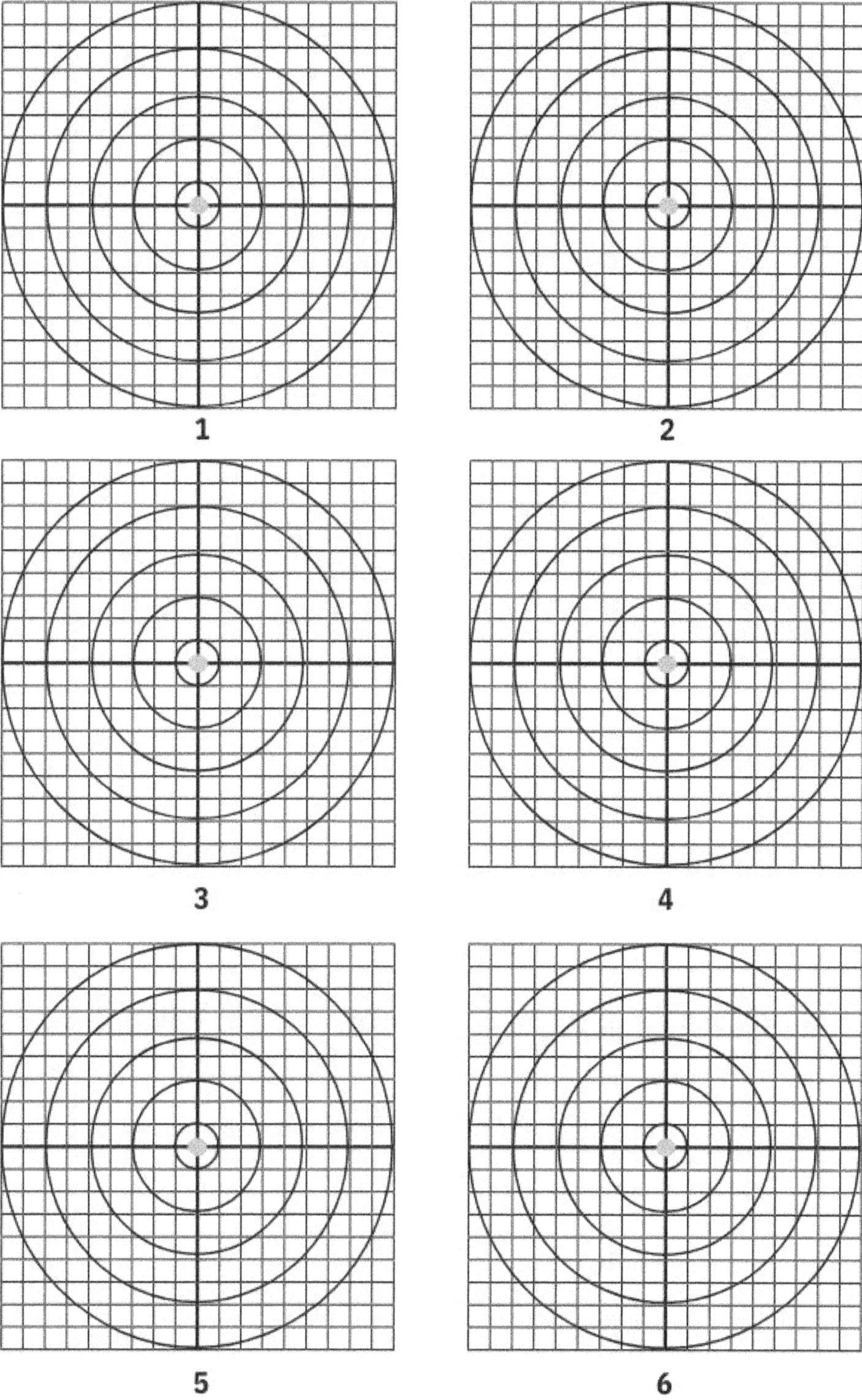

Une idée de cadeau parfaite pour les débutants et les professionnels

Livre de données sur le tir sportif

Date: ___________________   Temps: __________

Localisation: _____________________________

Conditions météorologiques

☐   ☐   ☐   ☐   ☐   ☐

Armes à feu:	
Balle:	Profondeur d'assise:
Poudre:	Céréales:
L'abécédaire:	
Laiton:	
Distance:	

Résultats globaux

☐ Mauvais   ☐ Juste   ☐ Bon   ☐ Excellent

Notes complémentaires

____

____

☆ ☆ ☆ ☆ ☆

Une idée de cadeau parfaite pour les débutants et les professionnels

Livre de données sur le tir sportif

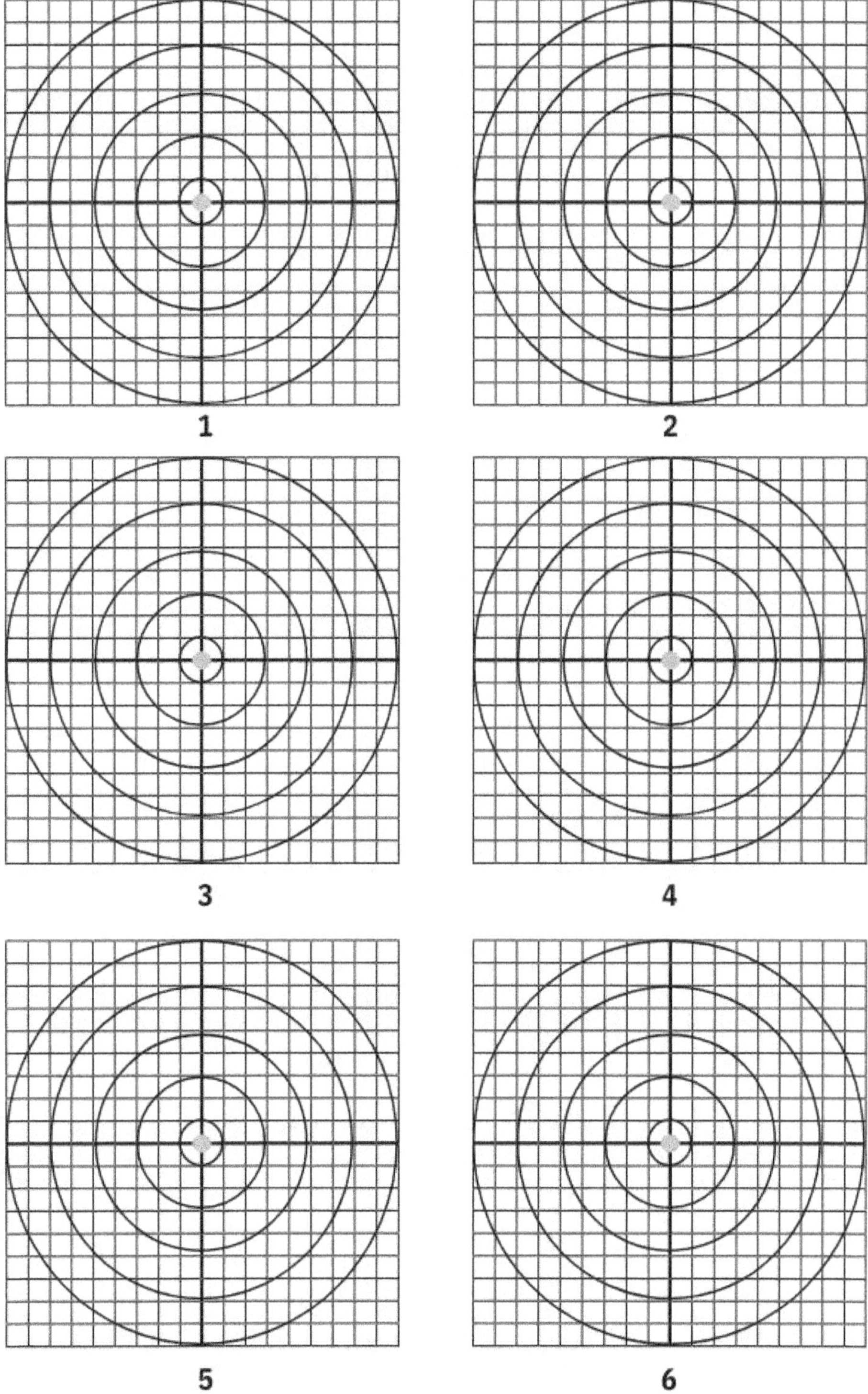

Une idée de cadeau parfaite pour les débutants et les professionnels

Livre de données sur le tir sportif

📅 Date: _________________ 🕐 Temps: _________

📍 Localisation: _______________________________

Conditions météorologiques

☐ ☐ ☐ ☐ ☐ ☐

Armes à feu:	
Balle:	Profondeur d'assise:
Poudre:	Céréales:
L'abécédaire:	
Laiton:	
Distance:	

Résultats globaux

☐ Mauvais ☐ Juste ☐ Bon ☐ Excellent

Notes complémentaires

____

____

____

☆ ☆ ☆ ☆ ☆

Une idée de cadeau parfaite pour les débutants et les professionnels

Livre de données sur le tir sportif

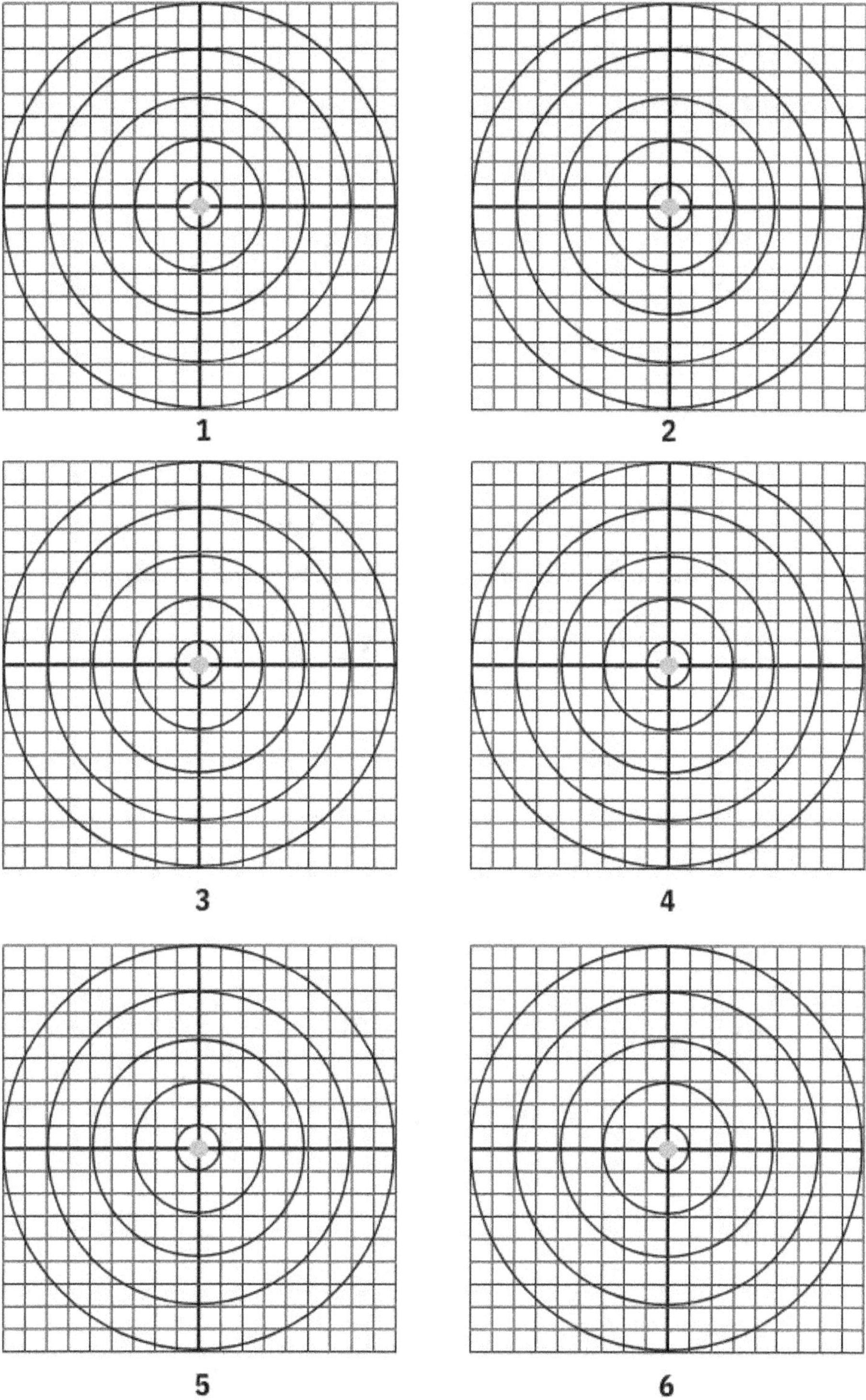

Une idée de cadeau parfaite pour les débutants et les professionnels

Livre de données sur le tir sportif

Date: _________________ Temps: _________

Localisation: _______________________________

Conditions météorologiques

☐ ☐ ☐ ☐ ☐ ☐

Armes à feu:	
Balle:	Profondeur d'assise:
Poudre:	Céréales:
L'abécédaire:	
Laiton:	
Distance:	

Résultats globaux

☐ Mauvais   ☐ Juste   ☐ Bon   ☐ Excellent

Notes complémentaires

____

____

☆ ☆ ☆ ☆ ☆

Une idée de cadeau parfaite pour les débutants et les professionnels

Livre de données sur le tir sportif

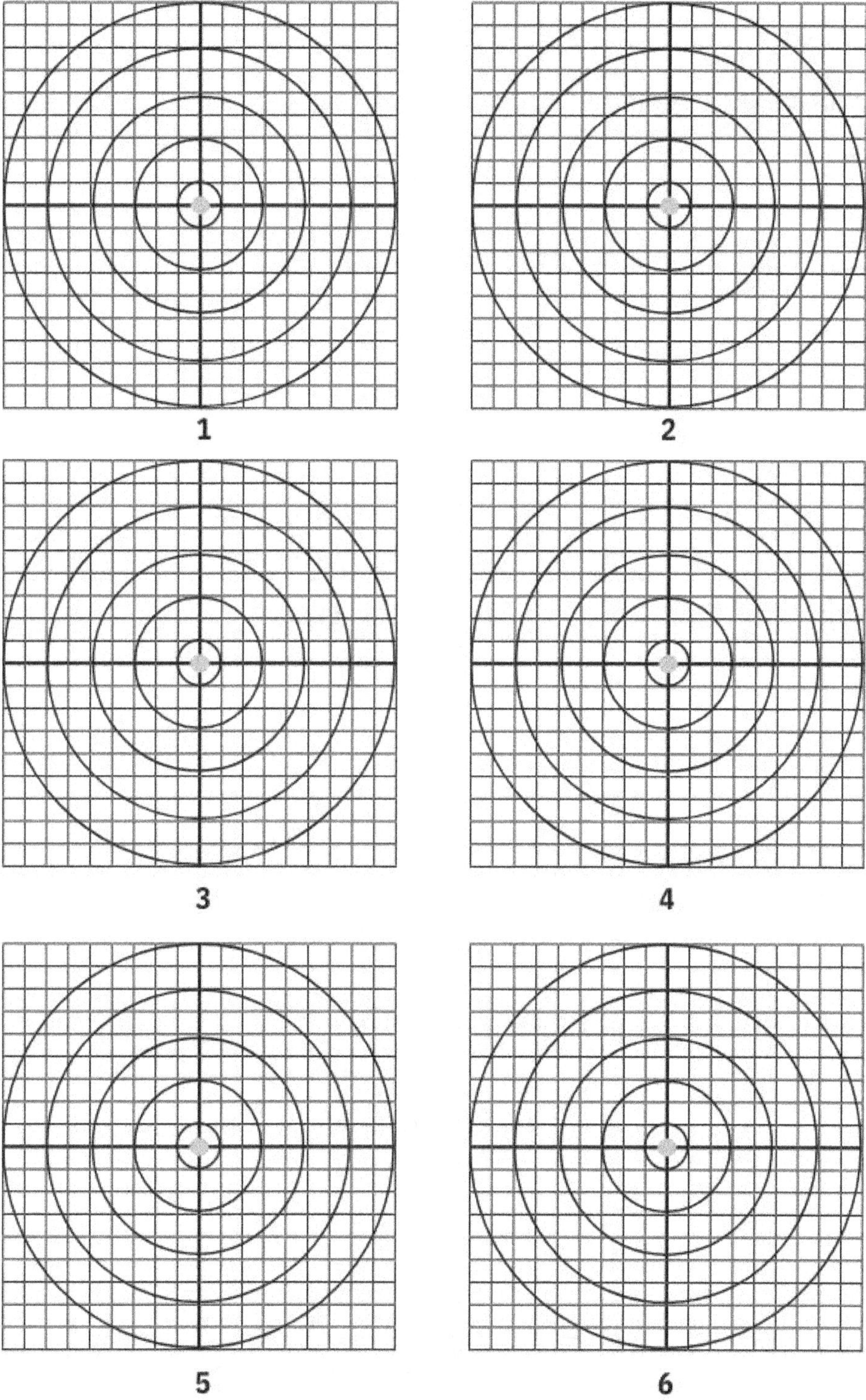

Une idée de cadeau parfaite pour les débutants et les professionnels

Livre de données sur le tir sportif

📅 Date: _________________________ 🕐 Temps: _________

📍 Localisation: _________________________________

Conditions météorologiques

☀️ ☁️ 🌤️ 🌦️ 🌧️ 🌨️ 🚩 🌡️
☐   ☐   ☐   ☐   ☐   ☐

Armes à feu:	
Balle:	Profondeur d'assise:
Poudre:	Céréales:
L'abécédaire:	
Laiton:	
Distance:	

Résultats globaux

☐ Mauvais   ☐ Juste   ☐ Bon   ☐ Excellent

Notes complémentaires

____

____

☆ ☆ ☆ ☆ ☆

Une idée de cadeau parfaite pour les débutants et les professionnels

Livre de données sur le tir sportif

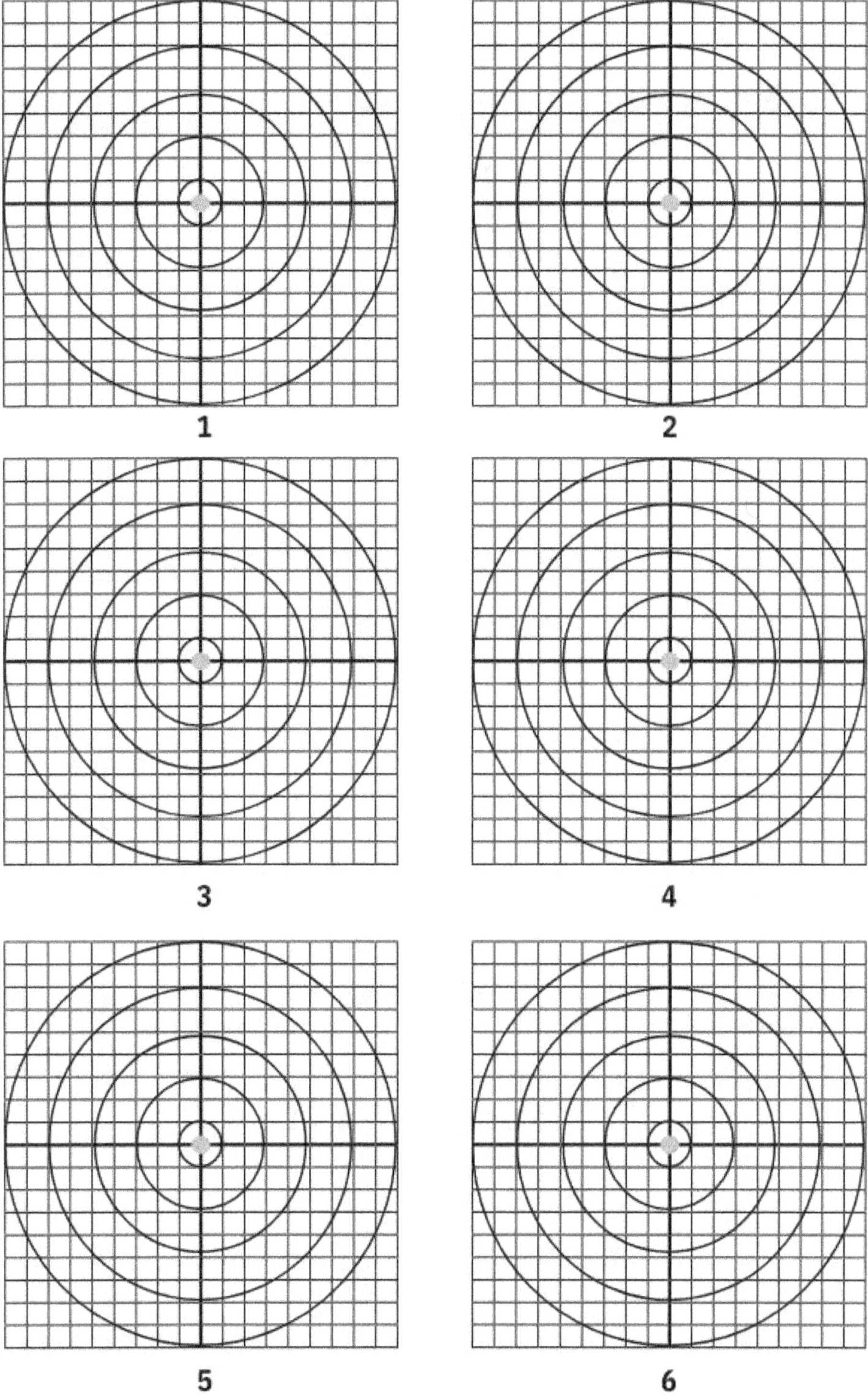

Une idée de cadeau parfaite pour les débutants et les professionnels

Livre de données sur le tir sportif

📅 Date: _______________   🕐 Temps: _________

📍 Localisation: _________________________________

Conditions météorologiques

☐ ☐ ☐ ☐ ☐ ☐

Armes à feu:	
Balle:	Profondeur d'assise:
Poudre:	Céréales:
L'abécédaire:	
Laiton:	
Distance:	

Résultats globaux

☐ Mauvais   ☐ Juste   ☐ Bon   ☐ Excellent

Notes complémentaires

____

____

☆ ☆ ☆ ☆ ☆

Une idée de cadeau parfaite pour les débutants et les professionnels

Livre de données sur le tir sportif

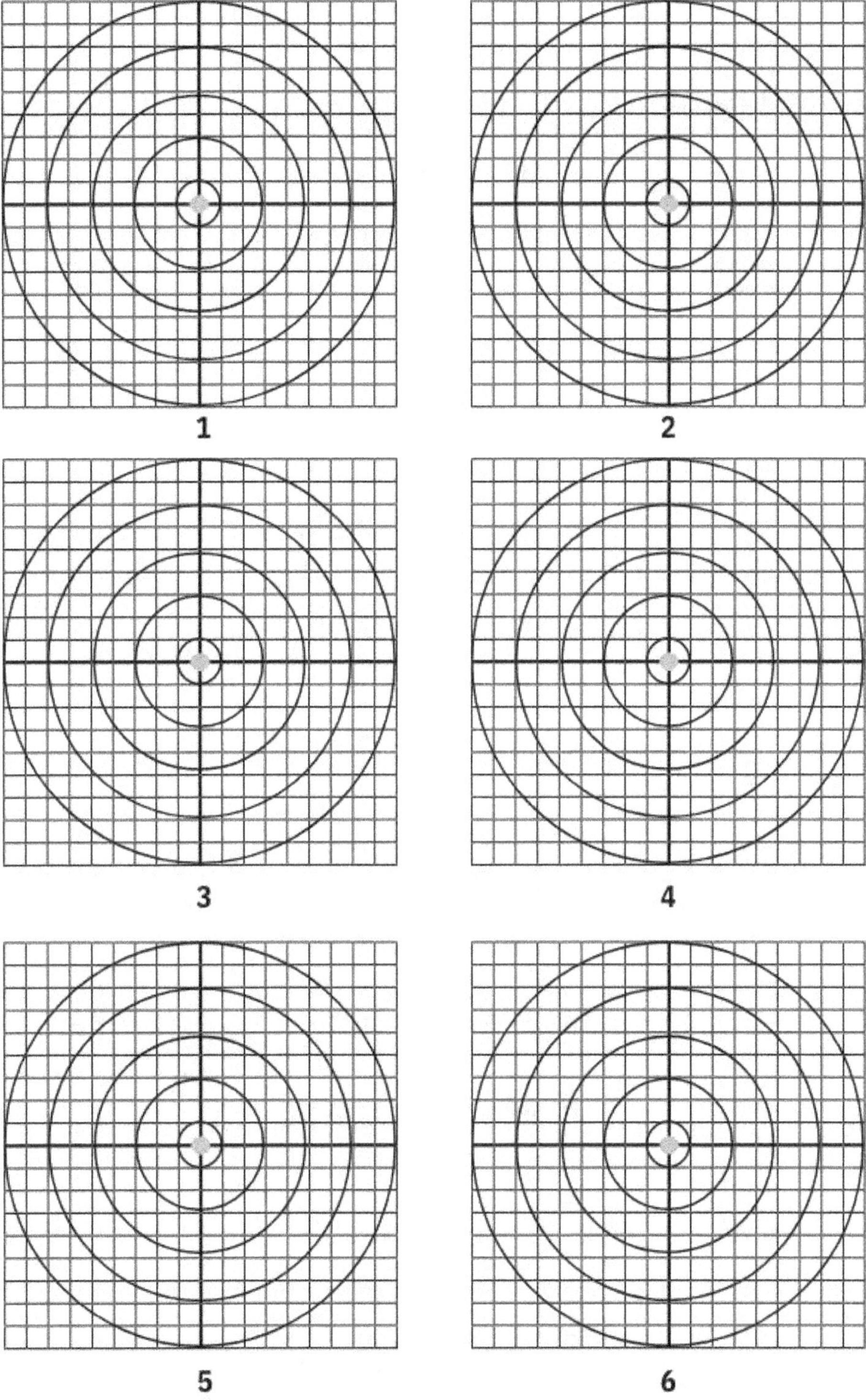

Une idée de cadeau parfaite pour les débutants et les professionnels

Livre de données sur le tir sportif

📅 Date: _________________________   🕐 Temps: _________

📍 Localisation: _______________________________

Conditions météorologiques

☀ ☁ ☁ 🌧 🌧 🌨 🚩 🌡
☐   ☐   ☐   ☐   ☐   ☐

Armes à feu:	
Balle:	Profondeur d'assise:
Poudre:	Céréales:
L'abécédaire:	
Laiton:	
Distance:	

Résultats globaux

☐ Mauvais   ☐ Juste   ☐ Bon   ☐ Excellent

Notes complémentaires

____

____

☆ ☆ ☆ ☆ ☆

Une idée de cadeau parfaite pour les débutants et les professionnels

Livre de données sur le tir sportif

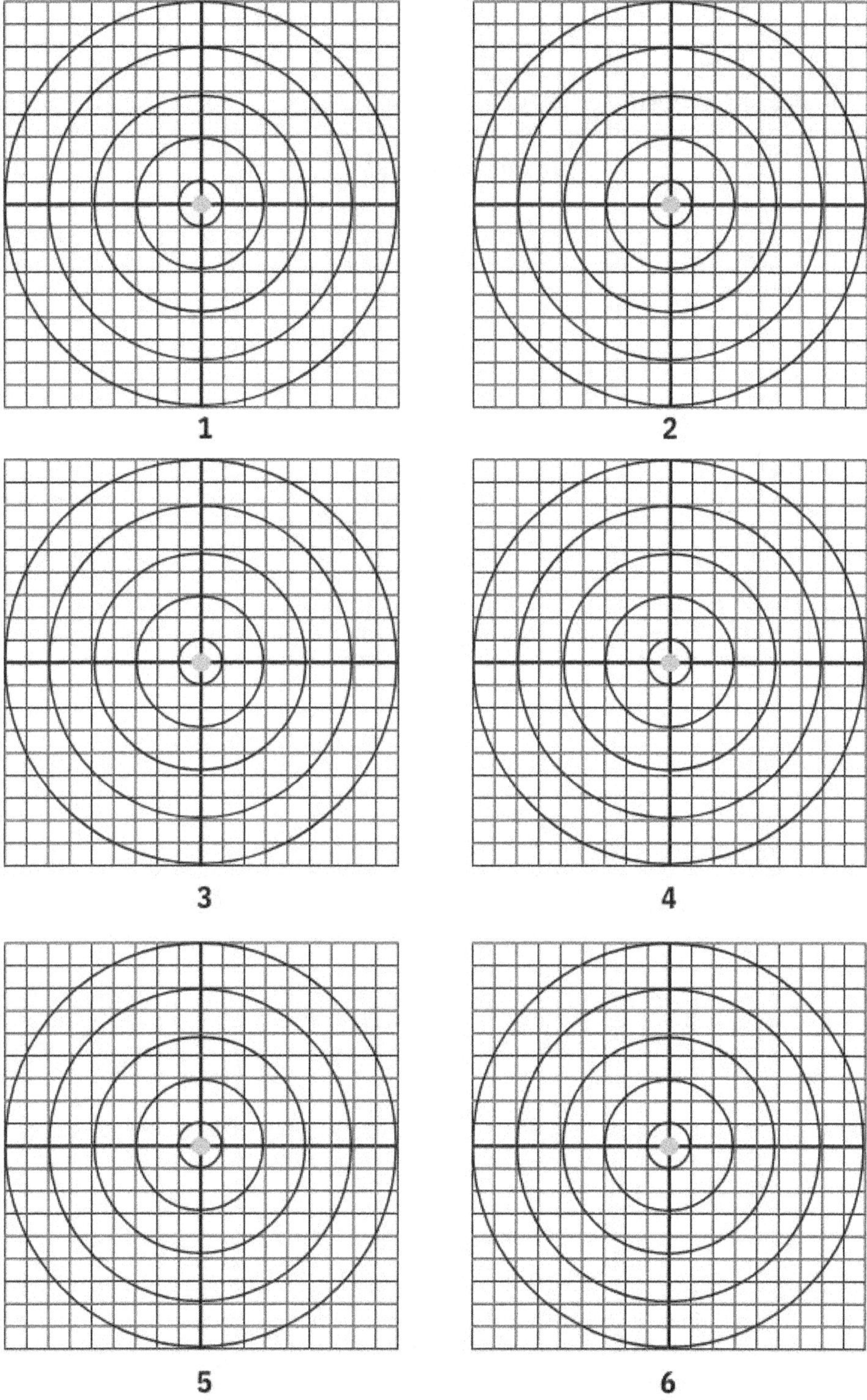

Une idée de cadeau parfaite pour les débutants et les professionnels

Livre de données sur le tir sportif

📅 Date: _____________________ 🕐 Temps: __________

📍 Localisation: _________________________________

Conditions météorologiques

☀ ☐   ⛅ ☐   🌤 ☐   🌧 ☐   🌦 ☐   🌨 ☐   🚩 _______   🌡 _______

Armes à feu:	
Balle:	Profondeur d'assise:
Poudre:	Céréales:
L'abécédaire:	
Laiton:	
Distance:	

Résultats globaux

☐ Mauvais   ☐ Juste   ☐ Bon   ☐ Excellent

Notes complémentaires

____

____

☆ ☆ ☆ ☆ ☆

Une idée de cadeau parfaite pour les débutants et les professionnels

Livre de données sur le tir sportif

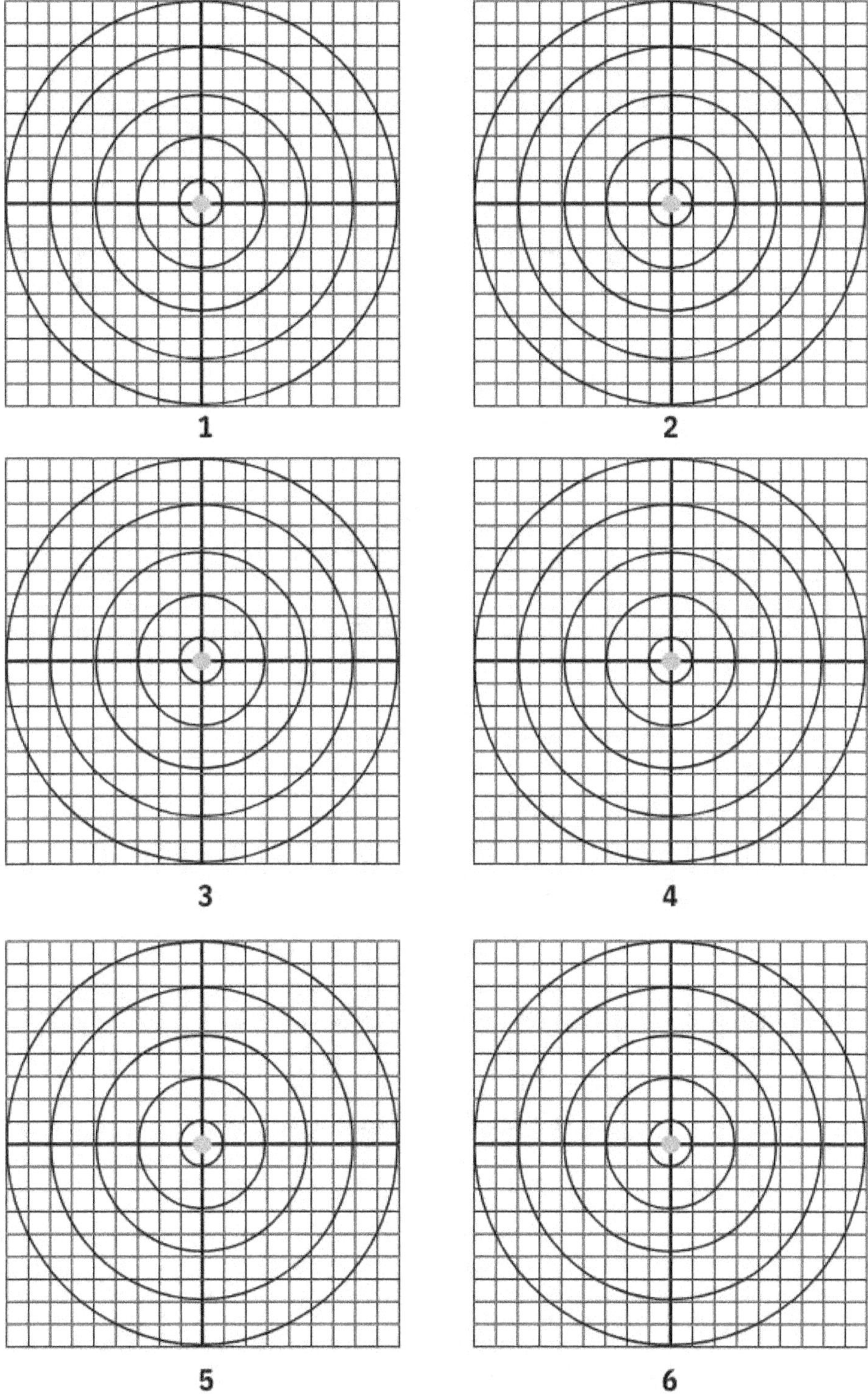

Une idée de cadeau parfaite pour les débutants et les professionnels

Livre de données sur le tir sportif

📅 Date: ________________   🕐 Temps: __________

📍 Localisation: ___________________________________

Conditions météorologiques

☐ ☐ ☐ ☐ ☐ ☐ ⚑ ______ 🌡 ______

Armes à feu:	
Balle:	Profondeur d'assise:
Poudre:	Céréales:
L'abécédaire:	
Laiton:	
Distance:	

Résultats globaux

☐ Mauvais   ☐ Juste   ☐ Bon   ☐ Excellent

Notes complémentaires

____

____

☆ ☆ ☆ ☆ ☆

Une idée de cadeau parfaite pour les débutants et les professionnels

Livre de données sur le tir sportif

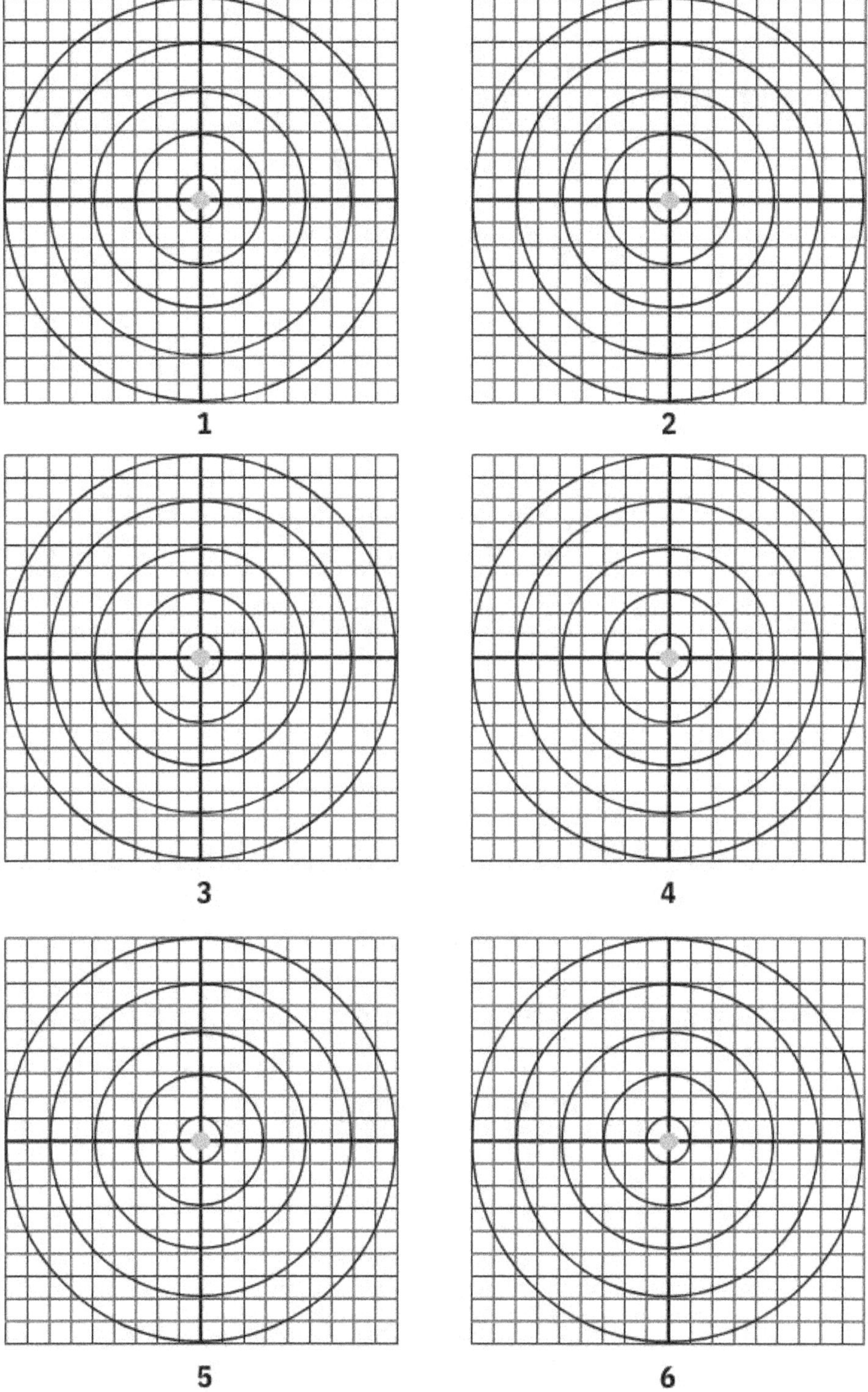

Une idée de cadeau parfaite pour les débutants et les professionnels

Livre de données sur le tir sportif

📅 Date: _________________________   🕐 Temps: __________

📍 Localisation: _____________________________________

Conditions météorologiques

☀ ☐   ⛅ ☐   🌥 ☐   🌦 ☐   🌧 ☐   🌨 ☐   🚩 __________   🌡 __________

Armes à feu:	
Balle:	Profondeur d'assise:
Poudre:	Céréales:
L'abécédaire:	
Laiton:	
Distance:	

Résultats globaux

☐ Mauvais   ☐ Juste   ☐ Bon   ☐ Excellent

Notes complémentaires

____

____

____

☆ ☆ ☆ ☆ ☆

Une idée de cadeau parfaite pour les débutants et les professionnels

Livre de données sur le tir sportif

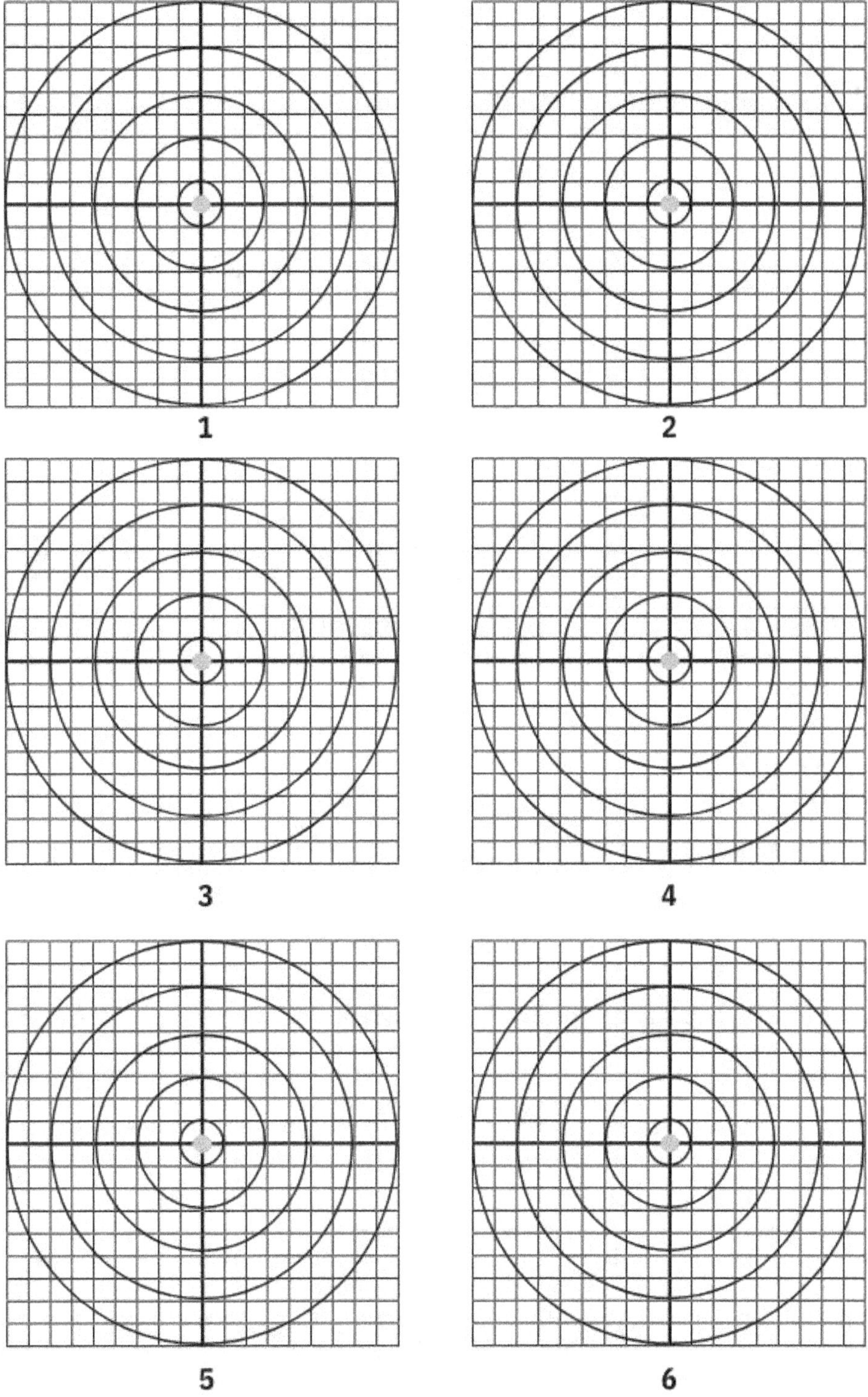

Une idée de cadeau parfaite pour les débutants et les professionnels

Livre de données sur le tir sportif

Date: _______________________   Temps: _________

Localisation: _________________________________

Conditions météorologiques

☐ ☐ ☐ ☐ ☐ ☐

Armes à feu:	
Balle:	Profondeur d'assise:
Poudre:	Céréales:
L'abécédaire:	
Laiton:	
Distance:	

Résultats globaux

☐ Mauvais   ☐ Juste   ☐ Bon   ☐ Excellent

Notes complémentaires

____

____

☆ ☆ ☆ ☆ ☆

Une idée de cadeau parfaite pour les débutants et les professionnels

Livre de données sur le tir sportif

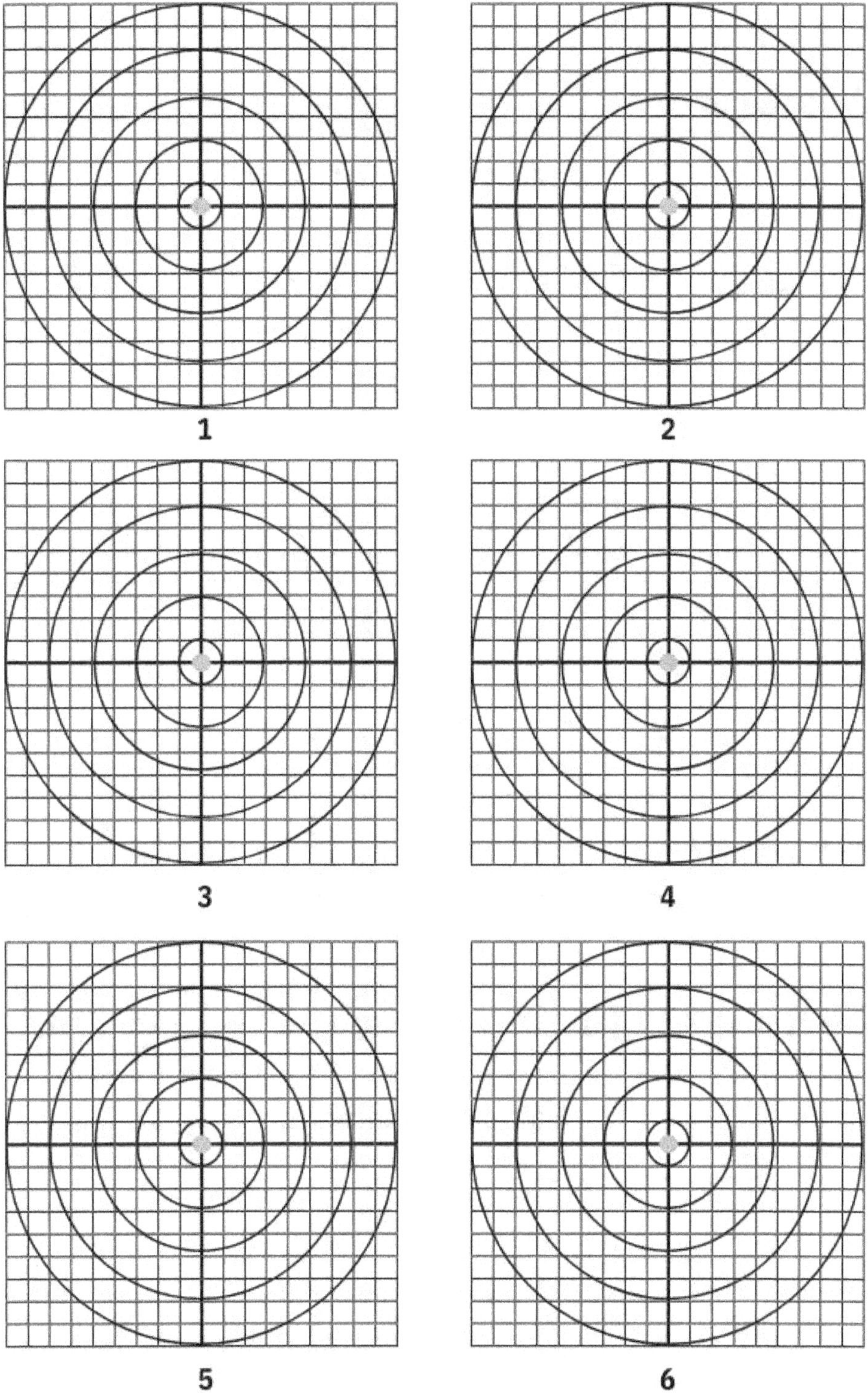

Une idée de cadeau parfaite pour les débutants et les professionnels

Livre de données sur le tir sportif

📅 Date: ______________________   🕐 Temps: __________

📍 Localisation: ____

Conditions météorologiques

☀ ☐   ⛅ ☐   🌤 ☐   🌧 ☐   🌧 ☐   🌨 ☐   🚩 ______   🌡 ______

Armes à feu:	
Balle:	Profondeur d'assise:
Poudre:	Céréales:
L'abécédaire:	
Laiton:	
Distance:	

Résultats globaux

☐ Mauvais   ☐ Juste   ☐ Bon   ☐ Excellent

Notes complémentaires

____

____

____

☆ ☆ ☆ ☆ ☆

Une idée de cadeau parfaite pour les débutants et les professionnels

Livre de données sur le tir sportif

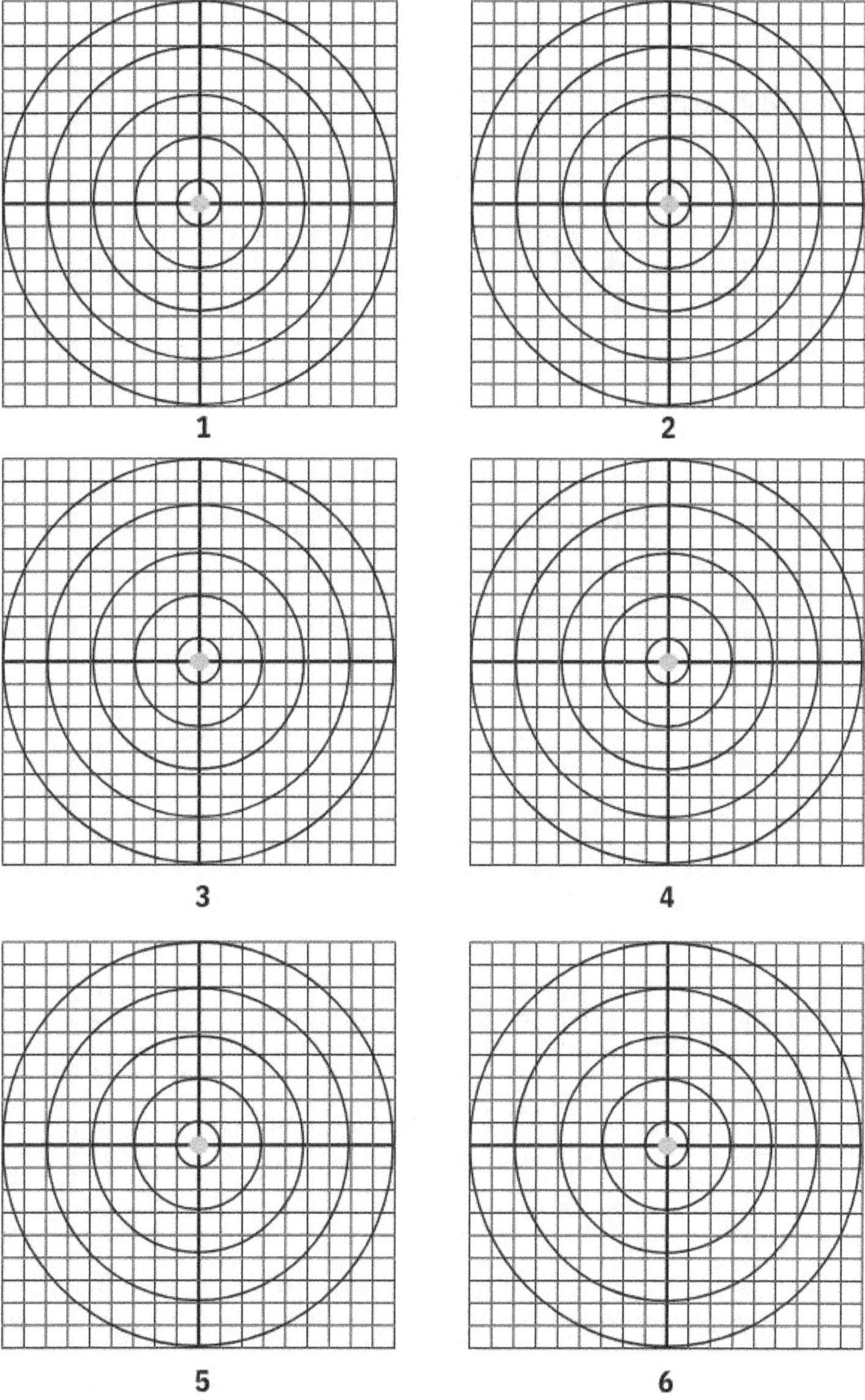

Une idée de cadeau parfaite pour les débutants et les professionnels

Livre de données sur le tir sportif

Date: _________________________   Temps: _________

Localisation: _________________________________

Conditions météorologiques

☐   ☐   ☐   ☐   ☐   ☐

Armes à feu:	
Balle:	Profondeur d'assise:
Poudre:	Céréales:
L'abécédaire:	
Laiton:	
Distance:	

Résultats globaux

☐ Mauvais   ☐ Juste   ☐ Bon   ☐ Excellent

Notes complémentaires

____

____

____

☆ ☆ ☆ ☆ ☆

Livre de données sur le tir sportif

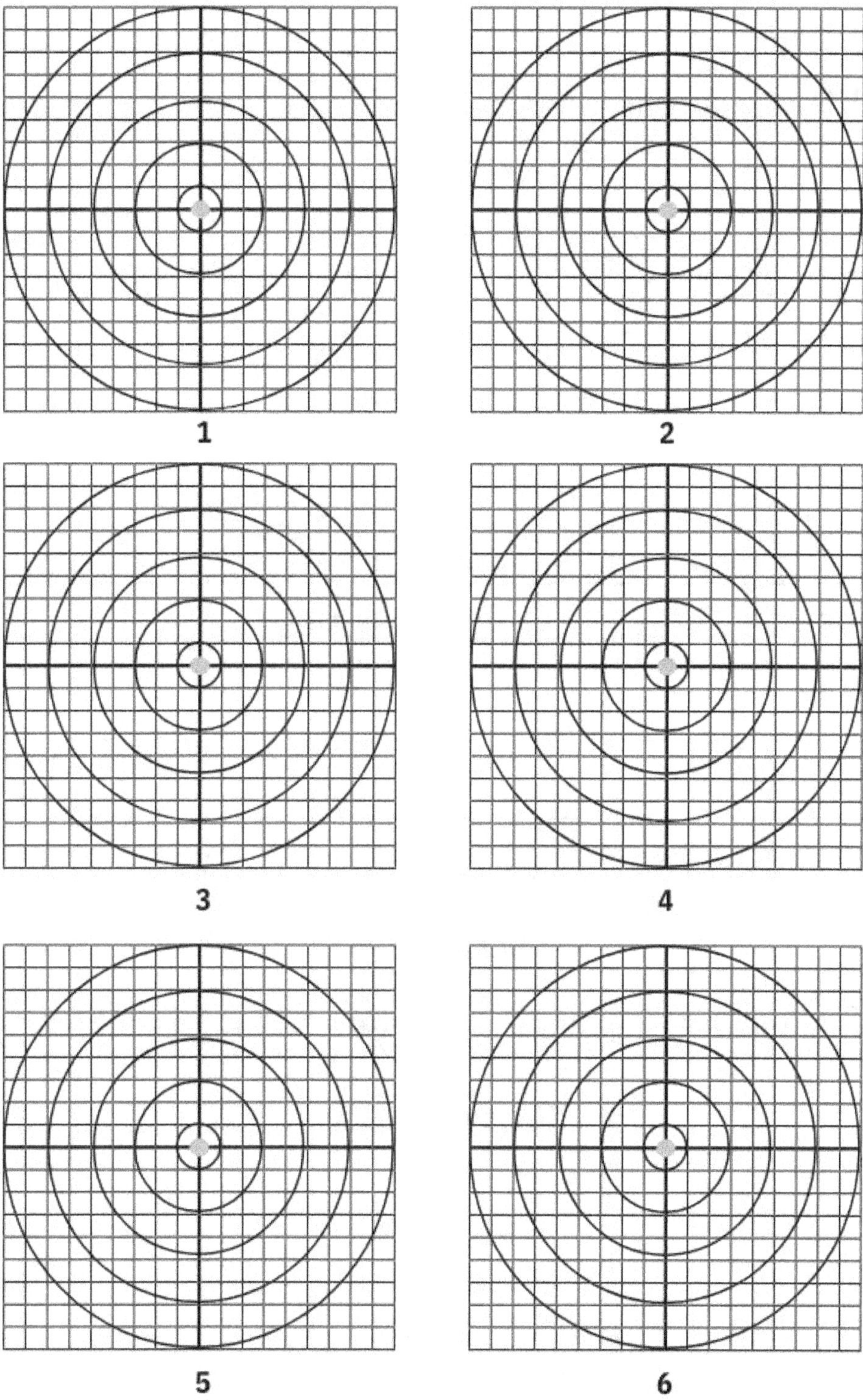

Une idée de cadeau parfaite pour les débutants et les professionnels

Livre de données sur le tir sportif

Date: _______________   Temps: _________

Localisation: _______________________________

Conditions météorologiques

☐   ☐   ☐   ☐   ☐   ☐   _______   _______

Armes à feu:	
Balle:	Profondeur d'assise:
Poudre:	Céréales:
L'abécédaire:	
Laiton:	
Distance:	

Résultats globaux

☐ Mauvais   ☐ Juste   ☐ Bon   ☐ Excellent

Notes complémentaires

____

____

☆ ☆ ☆ ☆ ☆

Une idée de cadeau parfaite pour les débutants et les professionnels

Livre de données sur le tir sportif

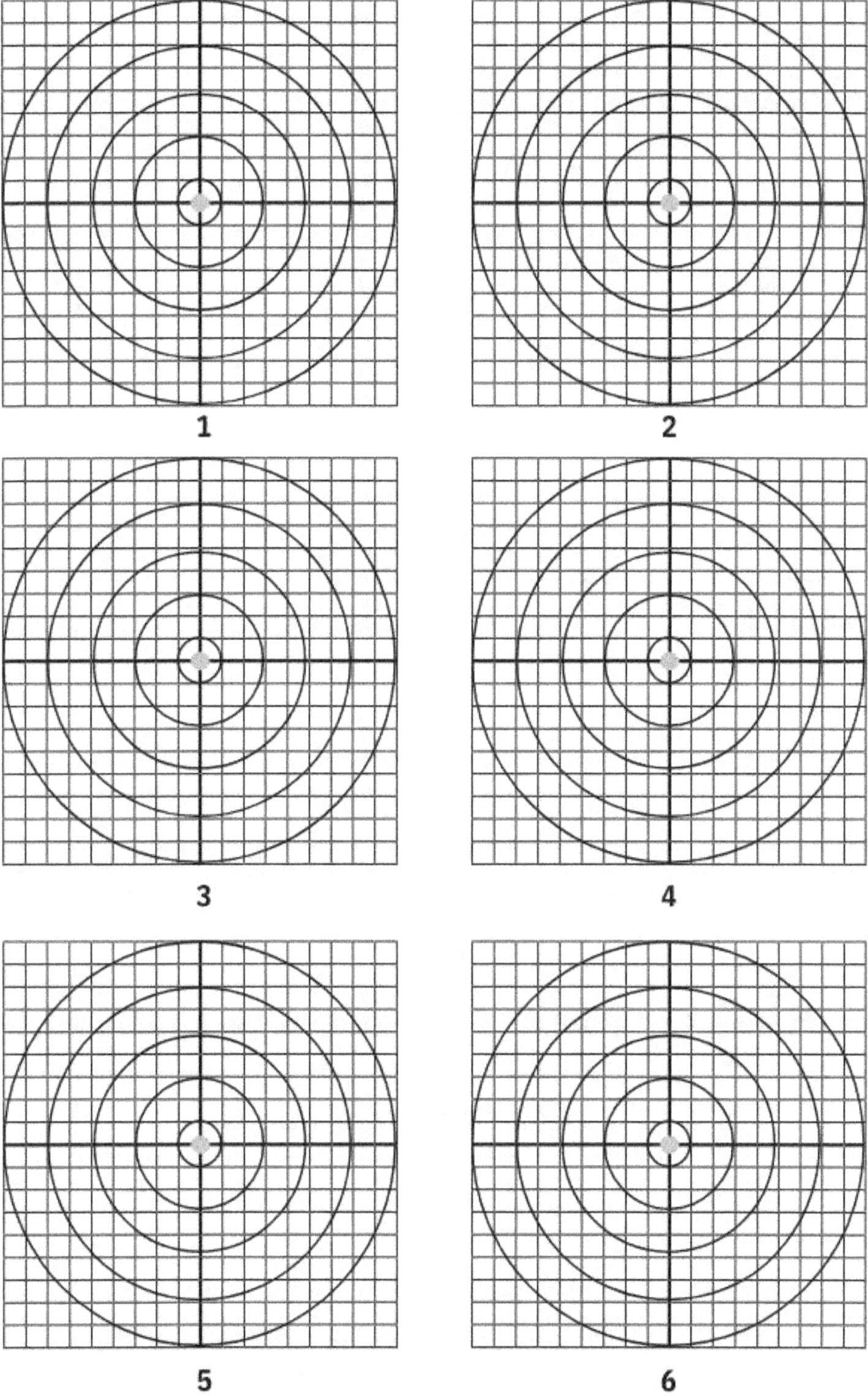

Une idée de cadeau parfaite pour les débutants et les professionnels

Livre de données sur le tir sportif

Date: _________________   Temps: _________

Localisation: _______________________

Conditions météorologiques

☐   ☐   ☐   ☐   ☐   ☐

Armes à feu:	
Balle:	Profondeur d'assise:
Poudre:	Céréales:
L'abécédaire:	
Laiton:	
Distance:	

Résultats globaux

☐ Mauvais   ☐ Juste   ☐ Bon   ☐ Excellent

Notes complémentaires

____

____

☆ ☆ ☆ ☆ ☆

Une idée de cadeau parfaite pour les débutants et les professionnels

Livre de données sur le tir sportif

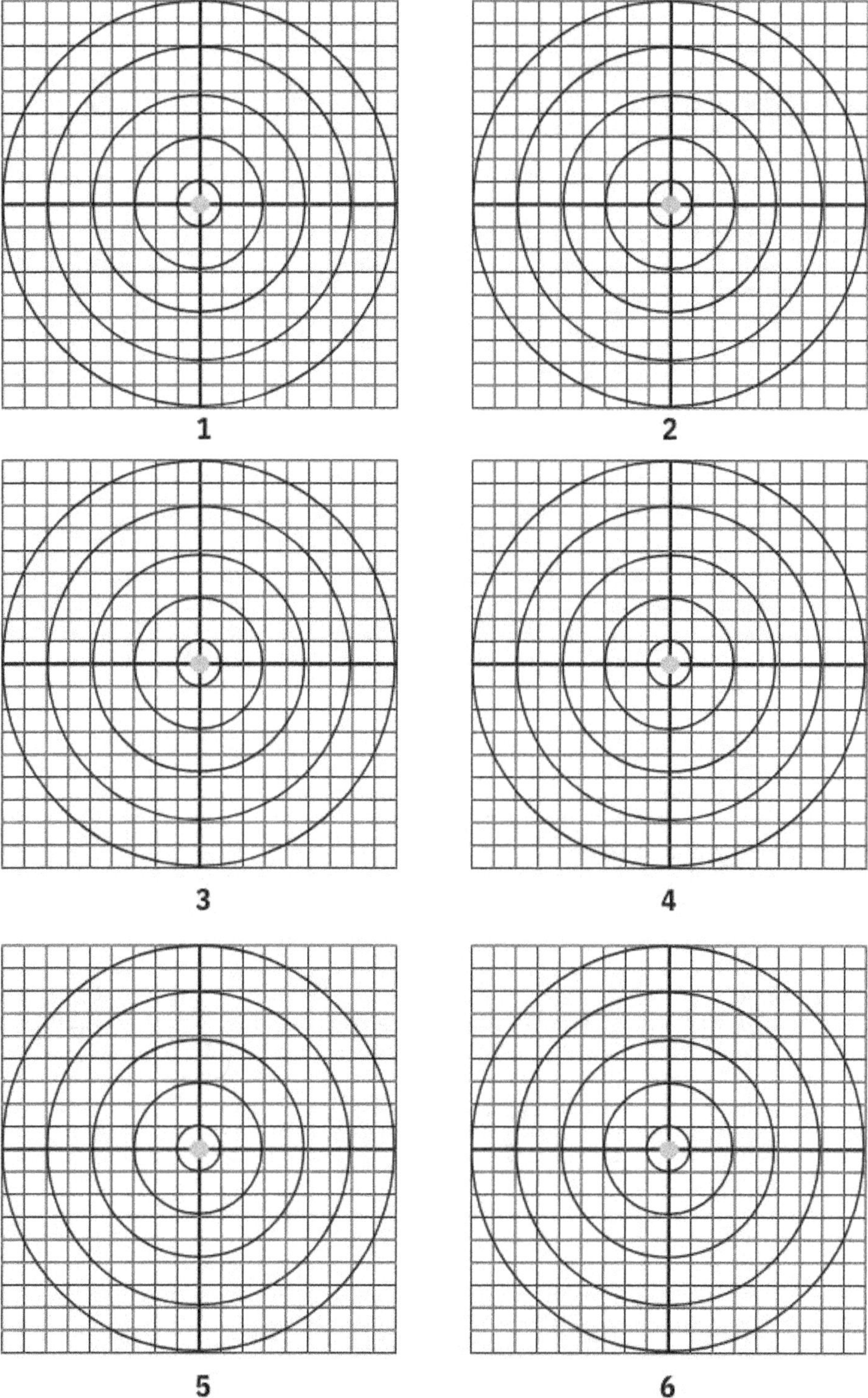

Une idée de cadeau parfaite pour les débutants et les professionnels

Livre de données sur le tir sportif

📅 Date: _______________________   🕐 Temps: _________

📍 Localisation: _______________________________________

Conditions météorologiques

☀ ☐   ⛅ ☐   🌥 ☐   🌦 ☐   🌧 ☐   🌨 ☐   🚩 _______   🌡 _______

Armes à feu:	
Balle:	Profondeur d'assise:
Poudre:	Céréales:
L'abécédaire:	
Laiton:	
Distance:	

Résultats globaux

☐ Mauvais   ☐ Juste   ☐ Bon   ☐ Excellent

Notes complémentaires

____

____

☆ ☆ ☆ ☆ ☆

Une idée de cadeau parfaite pour les débutants et les professionnels

Livre de données sur le tir sportif

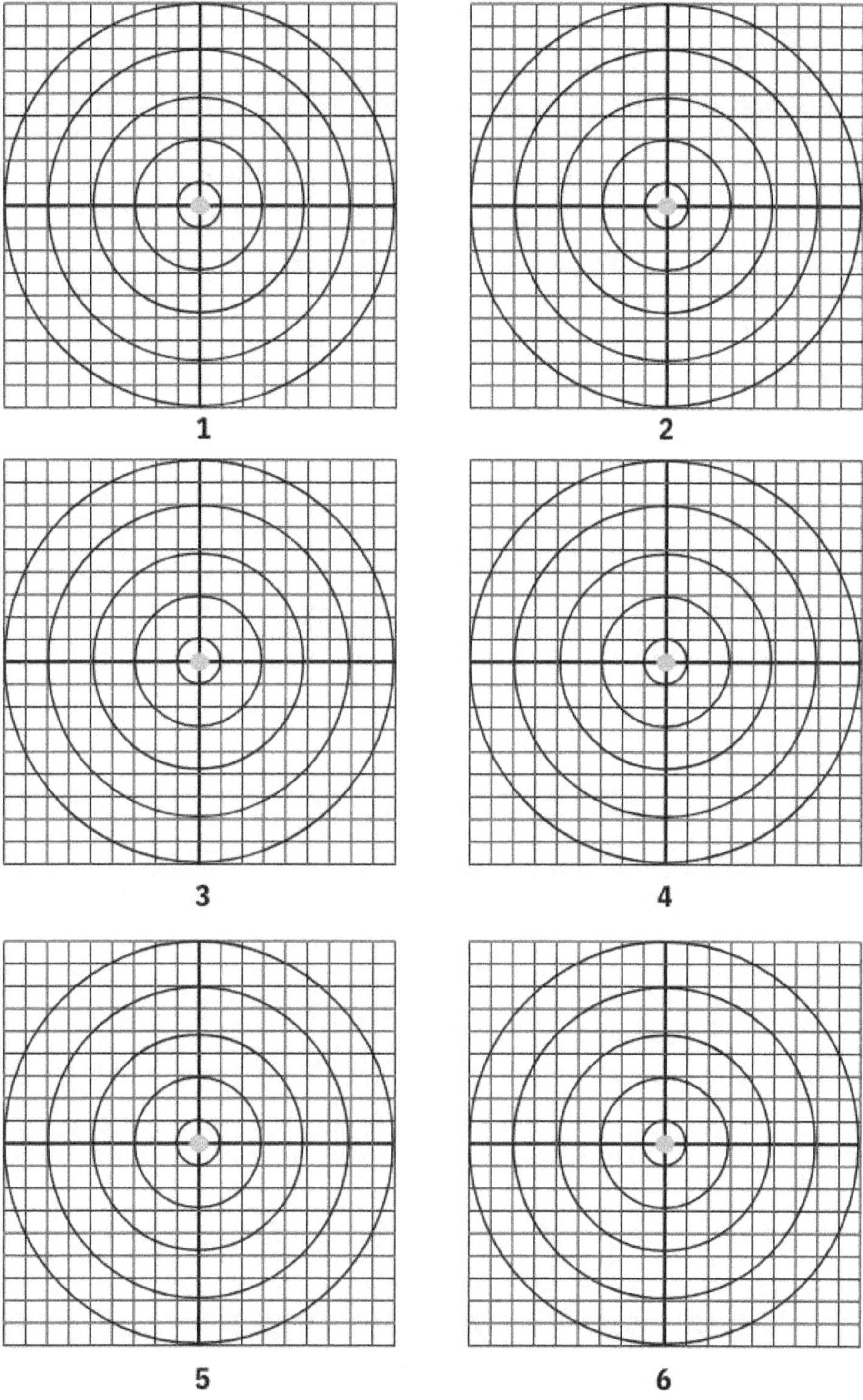

Une idée de cadeau parfaite pour les débutants et les professionnels

Livre de données sur le tir sportif

Date: _______________   Temps: _________

Localisation: ________________________________

Conditions météorologiques

☐   ☐   ☐   ☐   ☐   ☐

Armes à feu:	
Balle:	Profondeur d'assise:
Poudre:	Céréales:
L'abécédaire:	
Laiton:	
Distance:	

Résultats globaux

☐ Mauvais   ☐ Juste   ☐ Bon   ☐ Excellent

Notes complémentaires

____

____

☆ ☆ ☆ ☆ ☆

Une idée de cadeau parfaite pour les débutants et les professionnels

Livre de données sur le tir sportif

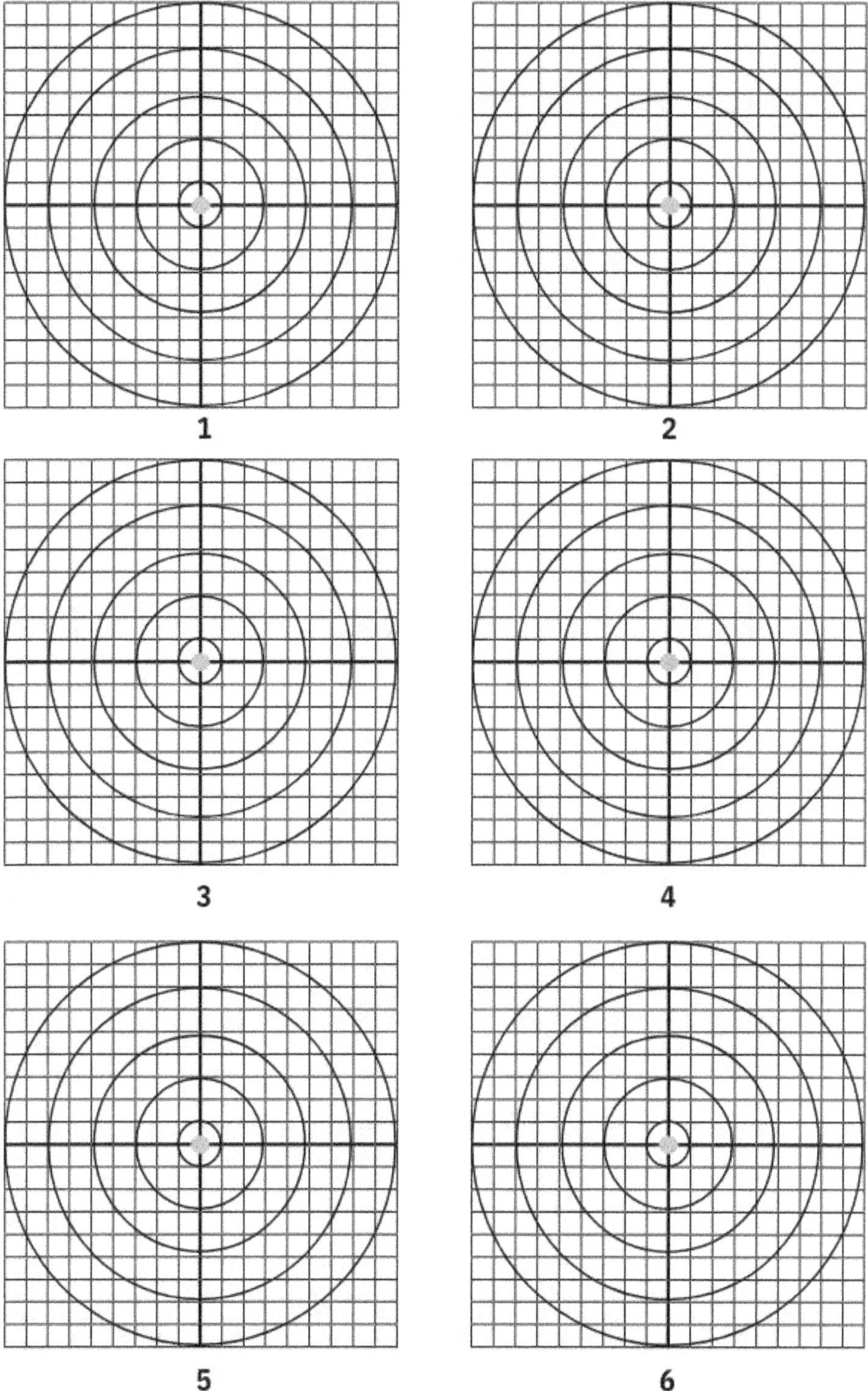

Une idée de cadeau parfaite pour les débutants et les professionnels

Livre de données sur le tir sportif

📅 Date: ___________________ 🕐 Temps: __________

📍 Localisation: _________________________________

Conditions météorologiques

☐ ☐ ☐ ☐ ☐ ☐ ______ ______

Armes à feu:	
Balle:	Profondeur d'assise:
Poudre:	Céréales:
L'abécédaire:	
Laiton:	
Distance:	

Résultats globaux

☐ Mauvais ☐ Juste ☐ Bon ☐ Excellent

Notes complémentaires

____

____

____

☆ ☆ ☆ ☆ ☆

Une idée de cadeau parfaite pour les débutants et les professionnels

Livre de données sur le tir sportif

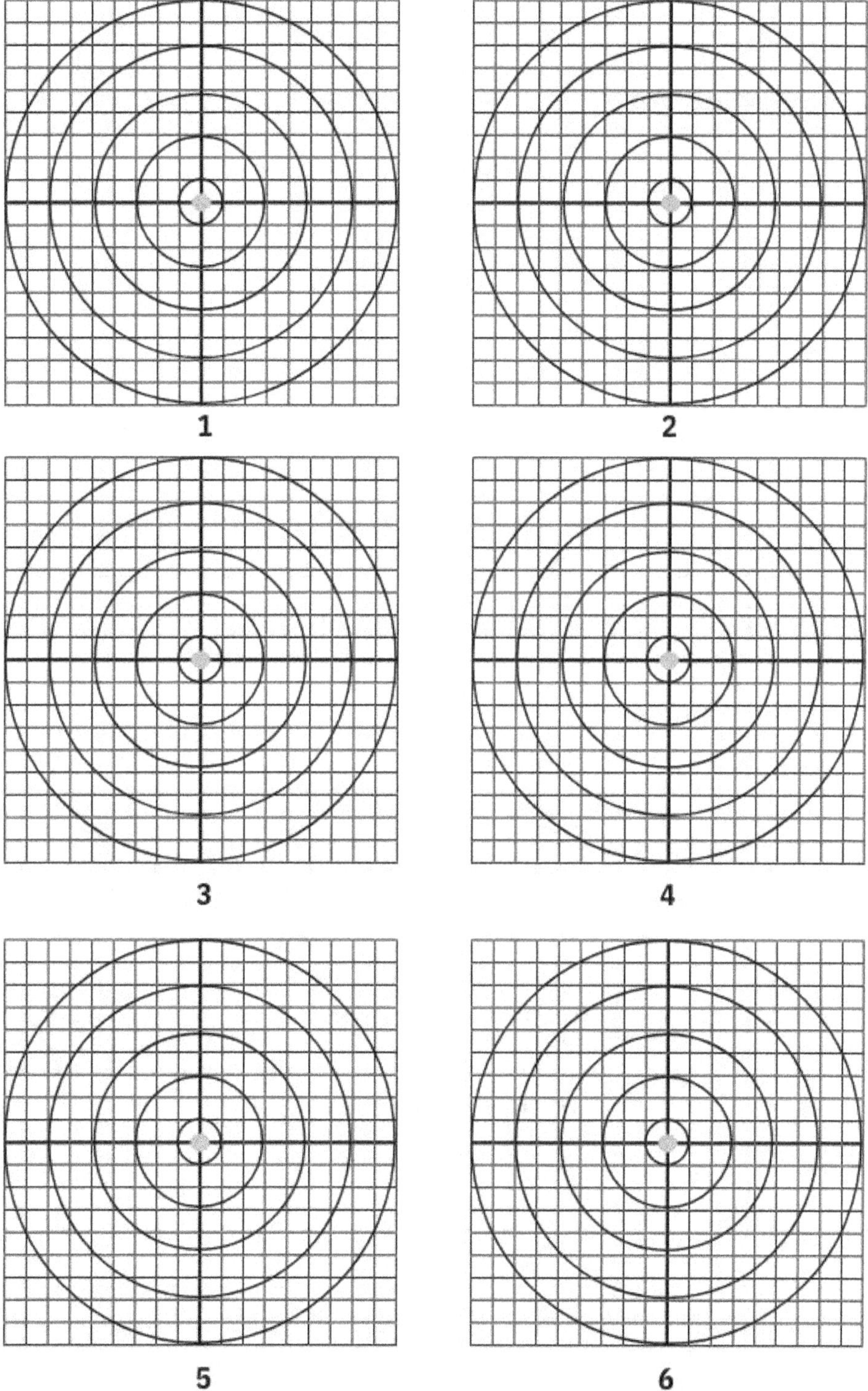

Une idée de cadeau parfaite pour les débutants et les professionnels

Livre de données sur le tir sportif

📅 Date: _________________________ 🕐 Temps: _____________

📍 Localisation: ____

Conditions météorologiques

☀ ☐   ⛅ ☐   🌤 ☐   🌦 ☐   🌧 ☐   🌨 ☐   🚩 _______   🌡 _______

Armes à feu:	
Balle:	Profondeur d'assise:
Poudre:	Céréales:
L'abécédaire:	
Laiton:	
Distance:	

Résultats globaux

☐ Mauvais   ☐ Juste   ☐ Bon   ☐ Excellent

Notes complémentaires

____

____

☆ ☆ ☆ ☆ ☆

Une idée de cadeau parfaite pour les débutants et les professionnels

Livre de données sur le tir sportif

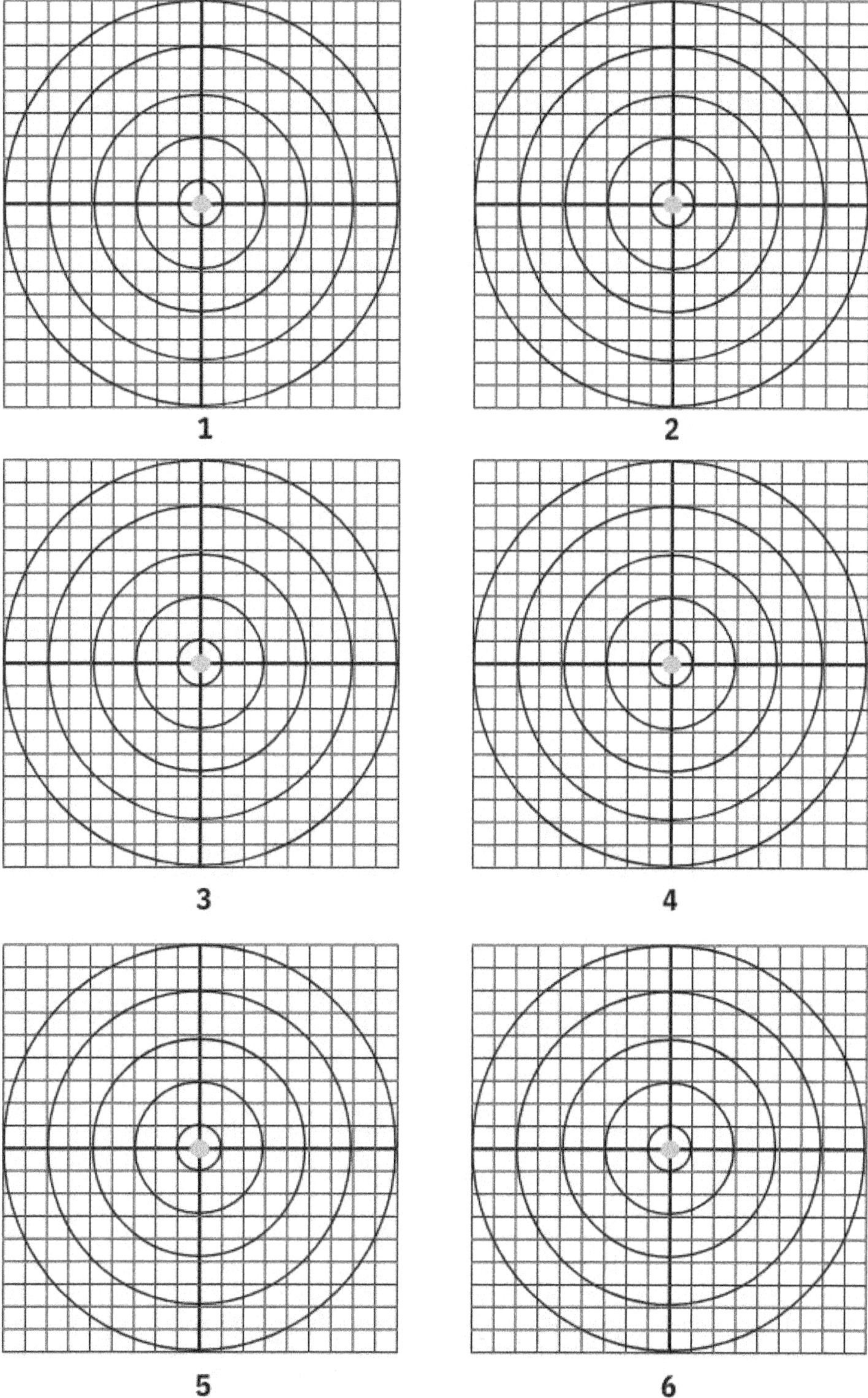

Une idée de cadeau parfaite pour les débutants et les professionnels

Livre de données sur le tir sportif

Date: ___________________   Temps: __________

Localisation: _________________________________

Conditions météorologiques

☐   ☐   ☐   ☐   ☐   ☐

Armes à feu:	
Balle:	Profondeur d'assise:
Poudre:	Céréales:
L'abécédaire:	
Laiton:	
Distance:	

Résultats globaux

☐ Mauvais   ☐ Juste   ☐ Bon   ☐ Excellent

Notes complémentaires

____

____

____

☆ ☆ ☆ ☆ ☆

Une idée de cadeau parfaite pour les débutants et les professionnels

Livre de données sur le tir sportif

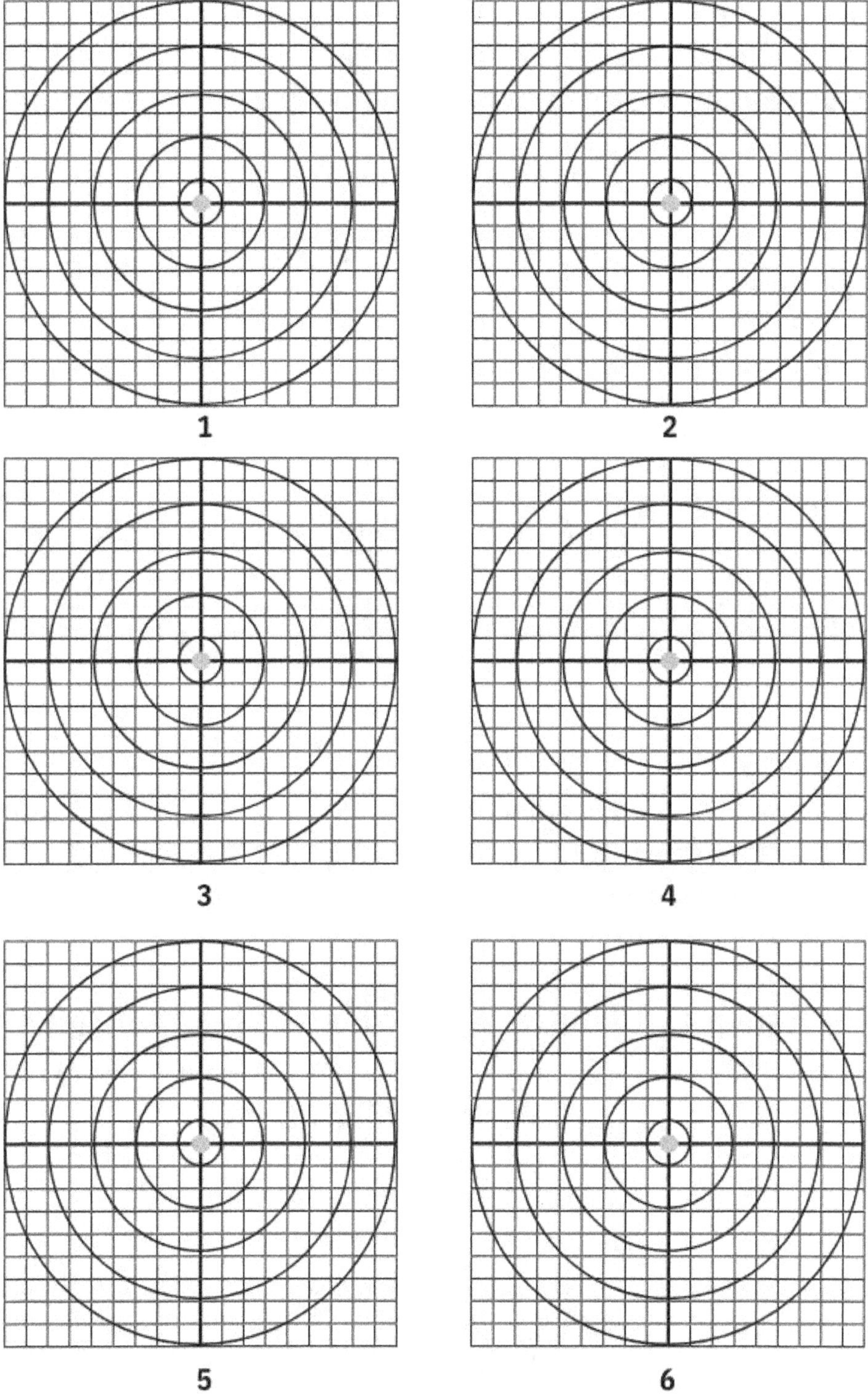

Une idée de cadeau parfaite pour les débutants et les professionnels

Livre de données sur le tir sportif

📅 Date: _________________________ 🕐 Temps: __________

📍 Localisation: _____________________________________

Conditions météorologiques

☐ ☐ ☐ ☐ ☐ ☐ _________ _________

Armes à feu:	
Balle:	Profondeur d'assise:
Poudre:	Céréales:
L'abécédaire:	
Laiton:	
Distance:	

Résultats globaux

☐ Mauvais ☐ Juste ☐ Bon ☐ Excellent

Notes complémentaires

____

____

☆ ☆ ☆ ☆ ☆

Une idée de cadeau parfaite pour les débutants et les professionnels

Livre de données sur le tir sportif

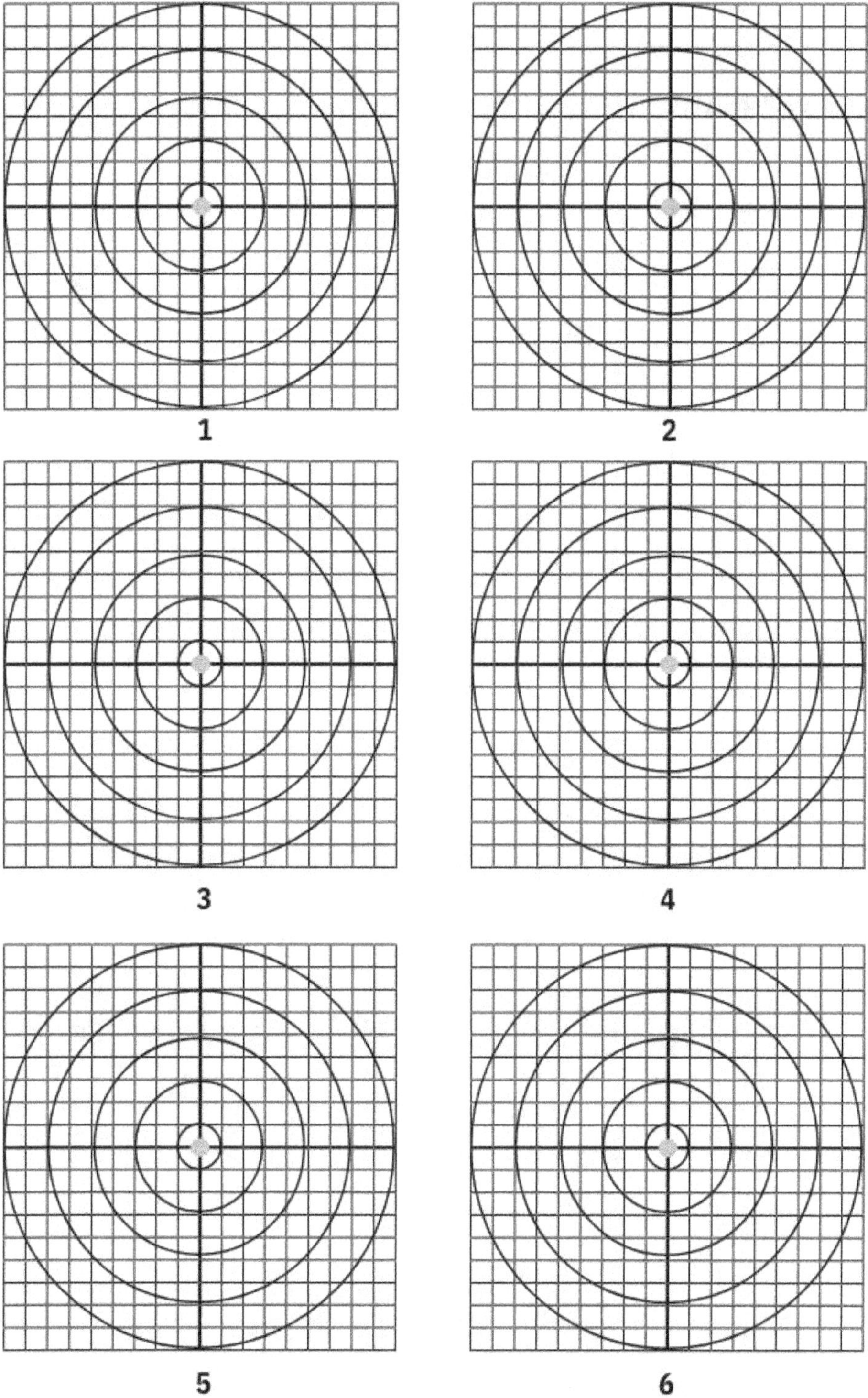

Une idée de cadeau parfaite pour les débutants et les professionnels

Livre de données sur le tir sportif

Date: _________________ Temps: _________

Localisation: _________________________________

Conditions météorologiques

☐ ☐ ☐ ☐ ☐ ☐

Armes à feu:	
Balle:	Profondeur d'assise:
Poudre:	Céréales:
L'abécédaire:	
Laiton:	
Distance:	

Résultats globaux

☐ Mauvais ☐ Juste ☐ Bon ☐ Excellent

Notes complémentaires

____

____

☆ ☆ ☆ ☆ ☆

Une idée de cadeau parfaite pour les débutants et les professionnels

Livre de données sur le tir sportif

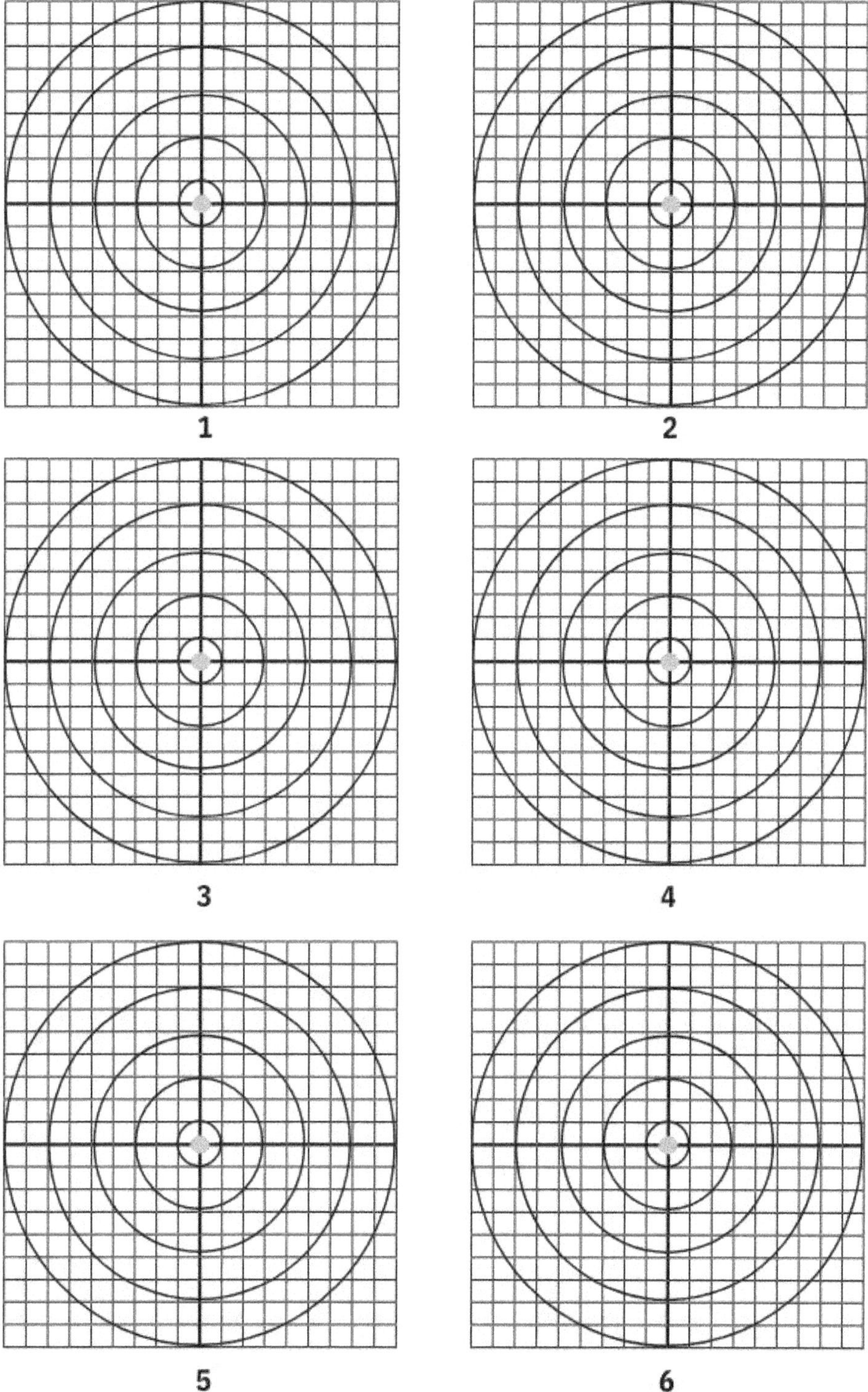

Une idée de cadeau parfaite pour les débutants et les professionnels

Livre de données sur le tir sportif

Date: _______________________   Temps: _________

Localisation: _______________________________

Conditions météorologiques

☐   ☐   ☐   ☐   ☐   ☐   _______   _______

Armes à feu:	
Balle:	Profondeur d'assise:
Poudre:	Céréales:
L'abécédaire:	
Laiton:	
Distance:	

Résultats globaux

☐ Mauvais   ☐ Juste   ☐ Bon   ☐ Excellent

Notes complémentaires

____

____

☆ ☆ ☆ ☆ ☆

Une idée de cadeau parfaite pour les débutants et les professionnels

Livre de données sur le tir sportif

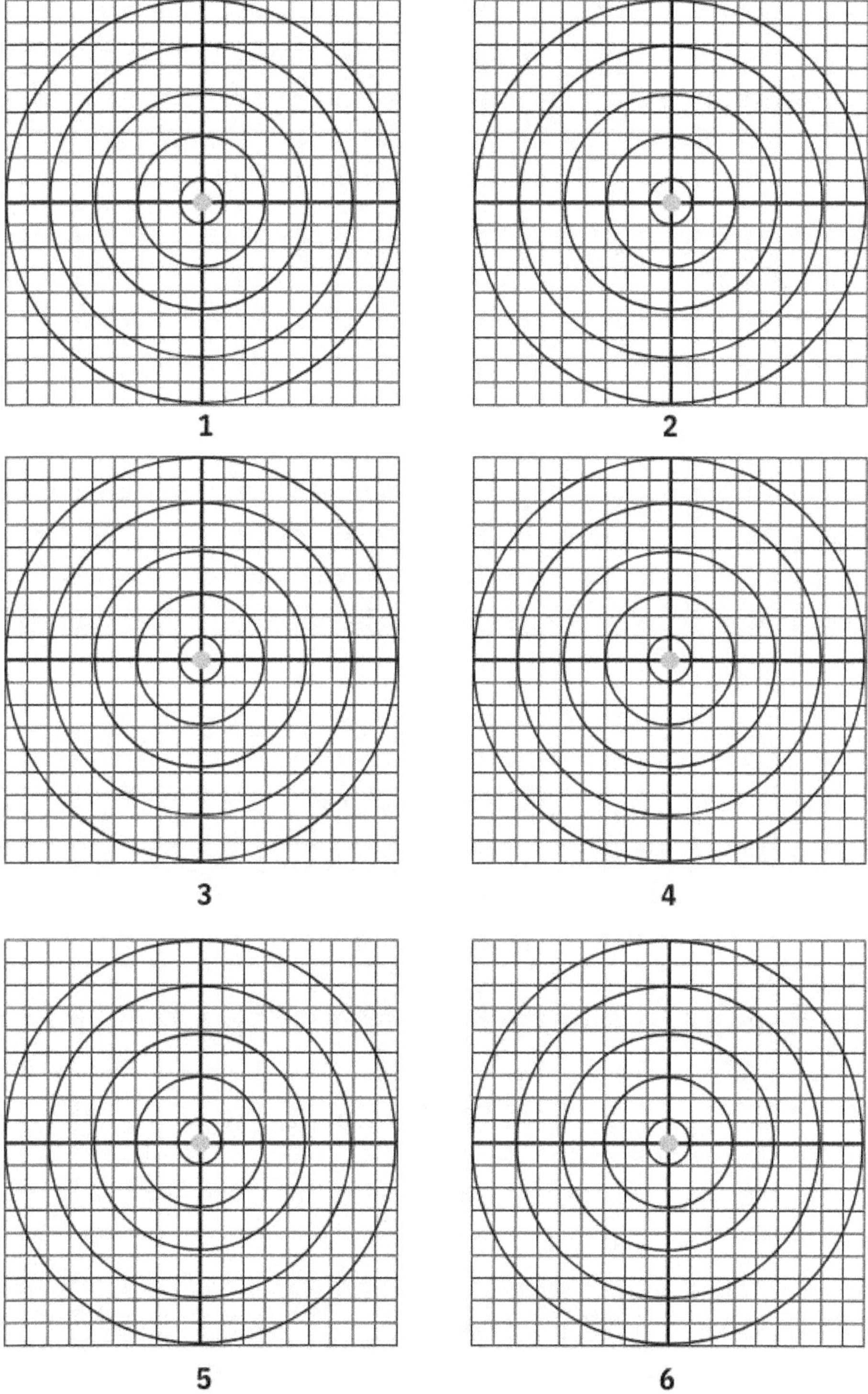

Une idée de cadeau parfaite pour les débutants et les professionnels

Livre de données sur le tir sportif

📅 Date: _________________ 🕐 Temps: _________

📍 Localisation: _________________________

Conditions météorologiques

☐ ☐ ☐ ☐ ☐ ☐

Armes à feu:	
Balle:	Profondeur d'assise:
Poudre:	Céréales:
L'abécédaire:	
Laiton:	
Distance:	

Résultats globaux

☐ Mauvais ☐ Juste ☐ Bon ☐ Excellent

Notes complémentaires

____

____

☆ ☆ ☆ ☆ ☆

Livre de données sur le tir sportif

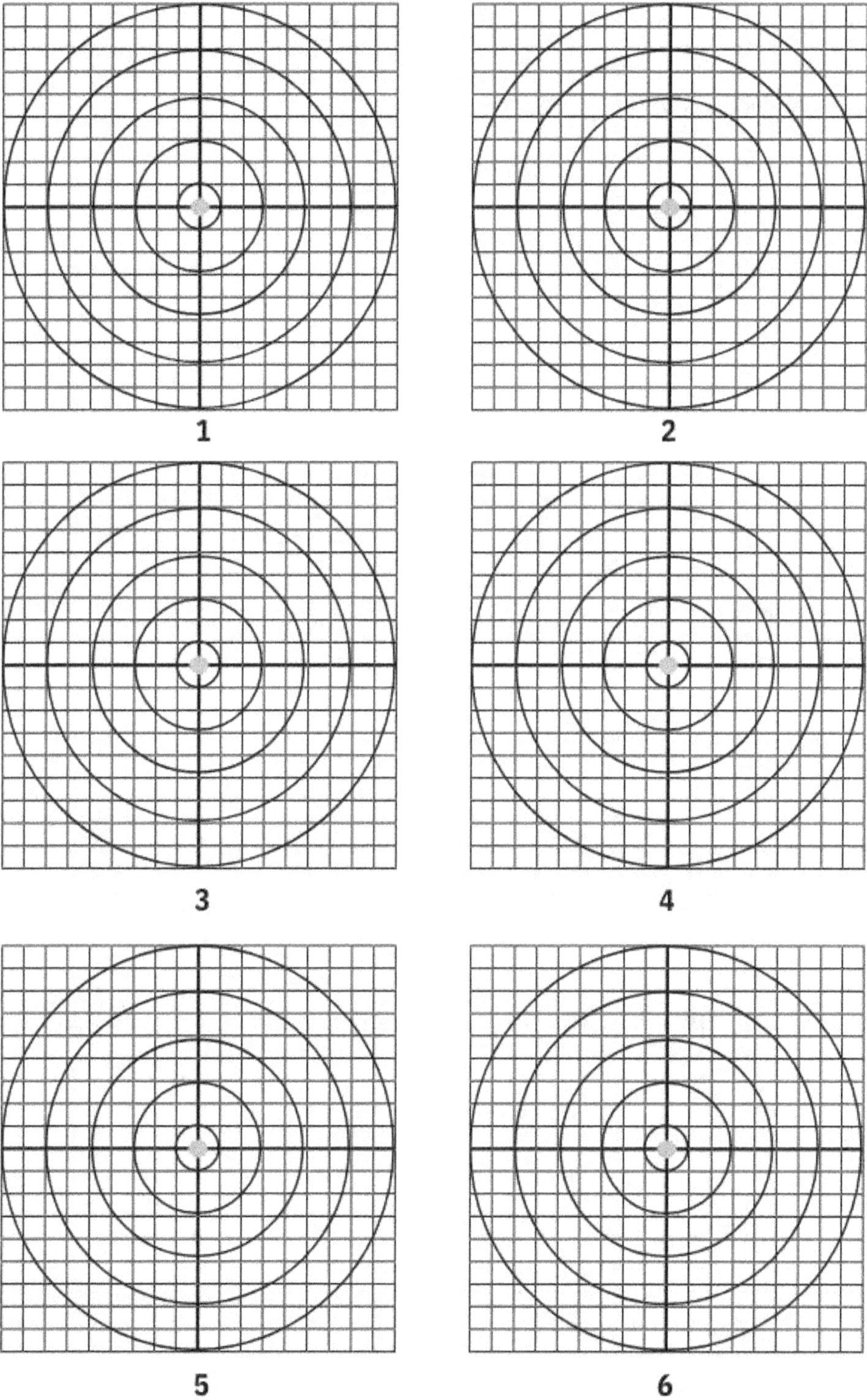

Une idée de cadeau parfaite pour les débutants et les professionnels

Livre de données sur le tir sportif

📅 Date: _________________   🕐 Temps: _________

📍 Localisation: _______________________________

Conditions météorologiques

☀ ☐   ⛅ ☐   🌥 ☐   🌦 ☐   🌧 ☐   🌨 ☐   🚩 ______   🌡 ______

Armes à feu:	
Balle:	Profondeur d'assise:
Poudre:	Céréales:
L'abécédaire:	
Laiton:	
Distance:	

Résultats globaux

☐ Mauvais   ☐ Juste   ☐ Bon   ☐ Excellent

Notes complémentaires

____

____

☆ ☆ ☆ ☆ ☆

Une idée de cadeau parfaite pour les débutants et les professionnels

Livre de données sur le tir sportif

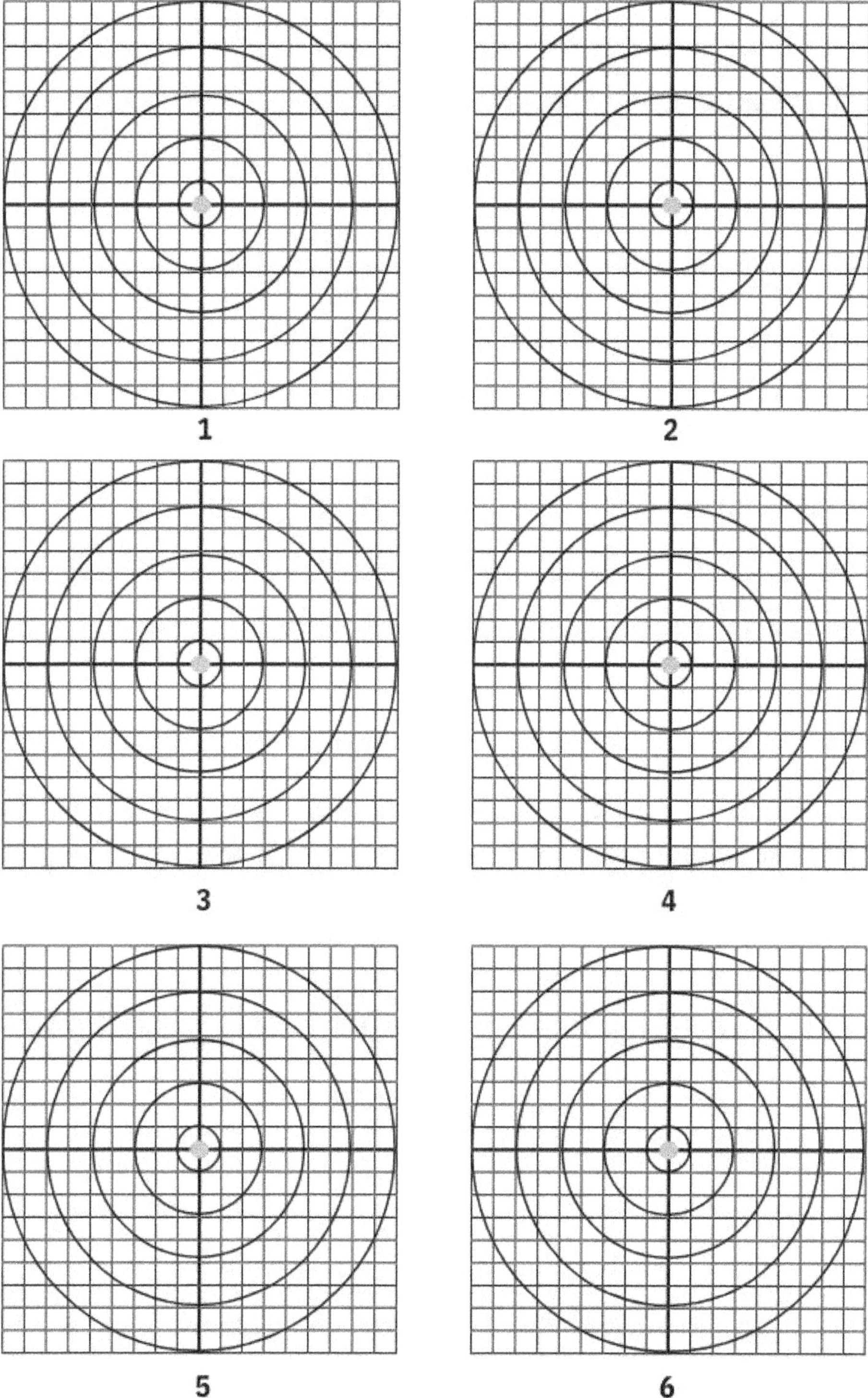

Une idée de cadeau parfaite pour les débutants et les professionnels

Livre de données sur le tir sportif

Date: _______________________   Temps: _________

Localisation: _________________________________

Conditions météorologiques

☐   ☐   ☐   ☐   ☐   ☐   _______   _______

Armes à feu:	
Balle:	Profondeur d'assise:
Poudre:	Céréales:
L'abécédaire:	
Laiton:	
Distance:	

Résultats globaux

☐ Mauvais   ☐ Juste   ☐ Bon   ☐ Excellent

Notes complémentaires

____

____

☆ ☆ ☆ ☆ ☆

Une idée de cadeau parfaite pour les débutants et les professionnels

Livre de données sur le tir sportif

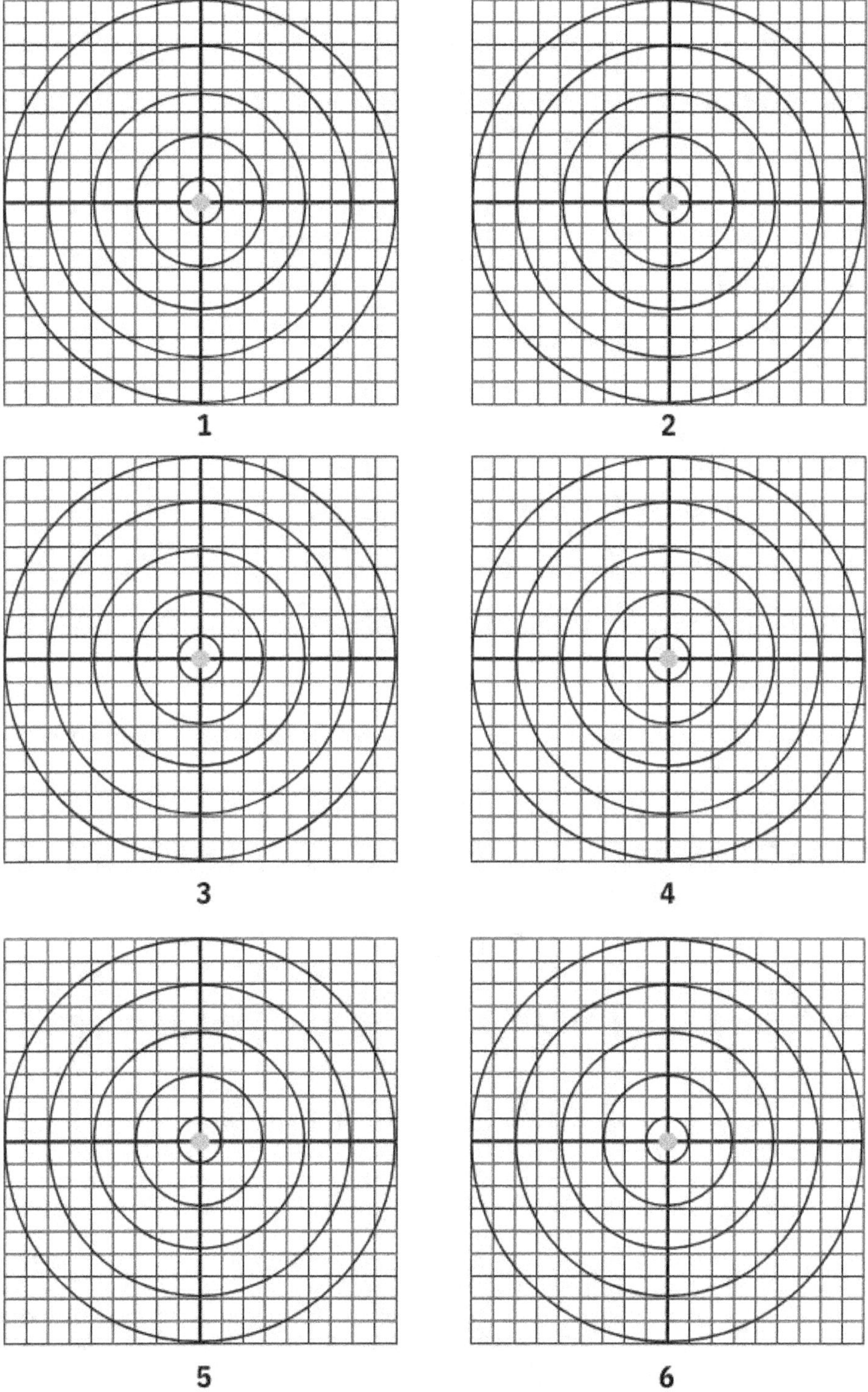

Une idée de cadeau parfaite pour les débutants et les professionnels

Livre de données sur le tir sportif

Date: ______________________ Temps: __________

Localisation: ________________________________

Conditions météorologiques

☐ ☐ ☐ ☐ ☐ ☐

Armes à feu:	
Balle:	Profondeur d'assise:
Poudre:	Céréales:
L'abécédaire:	
Laiton:	
Distance:	

Résultats globaux

☐ Mauvais   ☐ Juste   ☐ Bon   ☐ Excellent

Notes complémentaires

____

____

☆ ☆ ☆ ☆ ☆

Une idée de cadeau parfaite pour les débutants et les professionnels

Livre de données sur le tir sportif

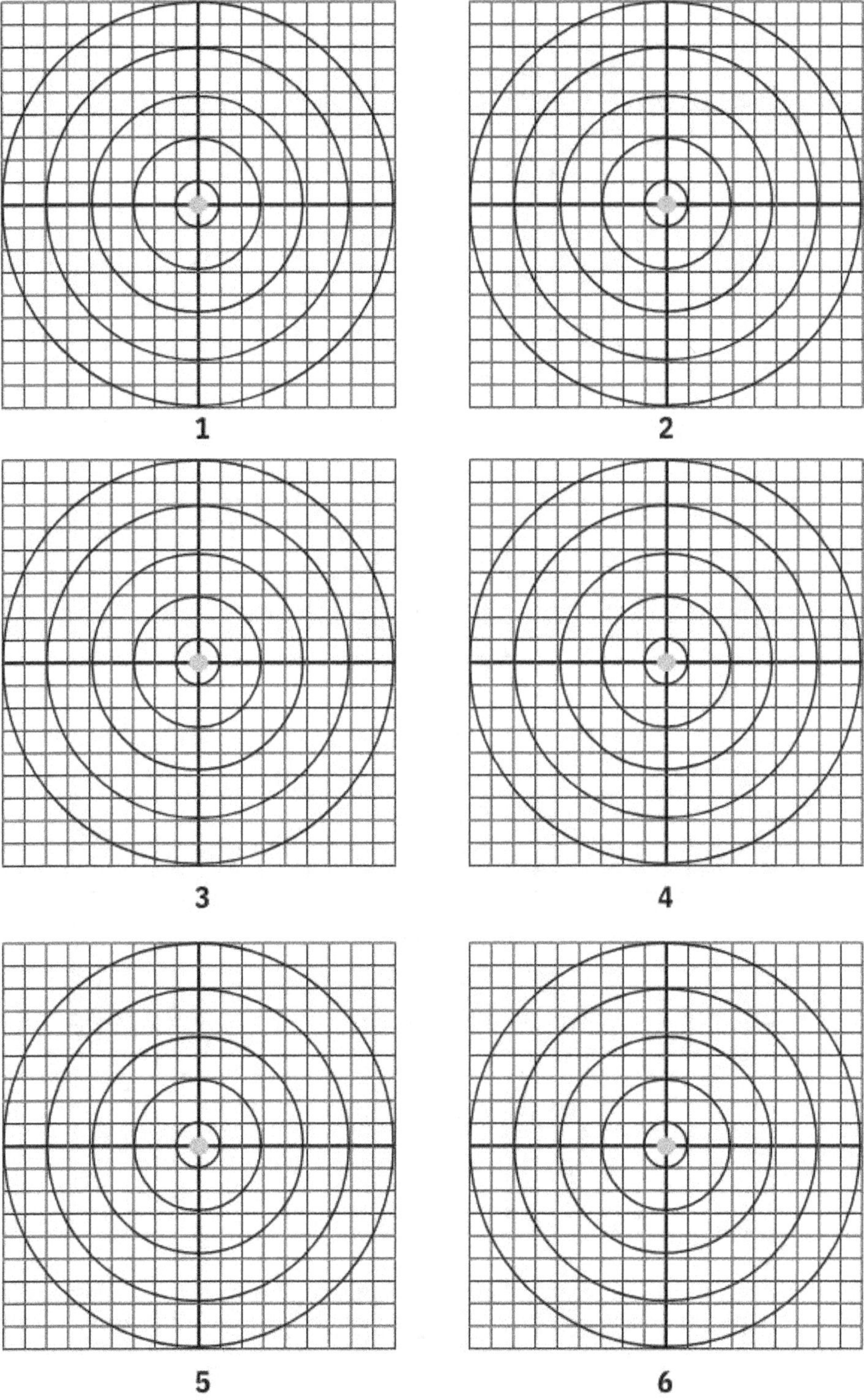

Une idée de cadeau parfaite pour les débutants et les professionnels

Livre de données sur le tir sportif

📅 Date: _________________   🕐 Temps: _________

📍 Localisation: _______________________________

Conditions météorologiques

☀️ ☁️ ☁️ 🌧️ 🌧️ 🌨️ 🚩 🌡️
☐ ☐ ☐ ☐ ☐ ☐

Armes à feu:	
Balle:	Profondeur d'assise:
Poudre:	Céréales:
L'abécédaire:	
Laiton:	
Distance:	

Résultats globaux

☐ Mauvais   ☐ Juste   ☐ Bon   ☐ Excellent

Notes complémentaires

____

____

☆ ☆ ☆ ☆ ☆

Une idée de cadeau parfaite pour les débutants et les professionnels

Livre de données sur le tir sportif

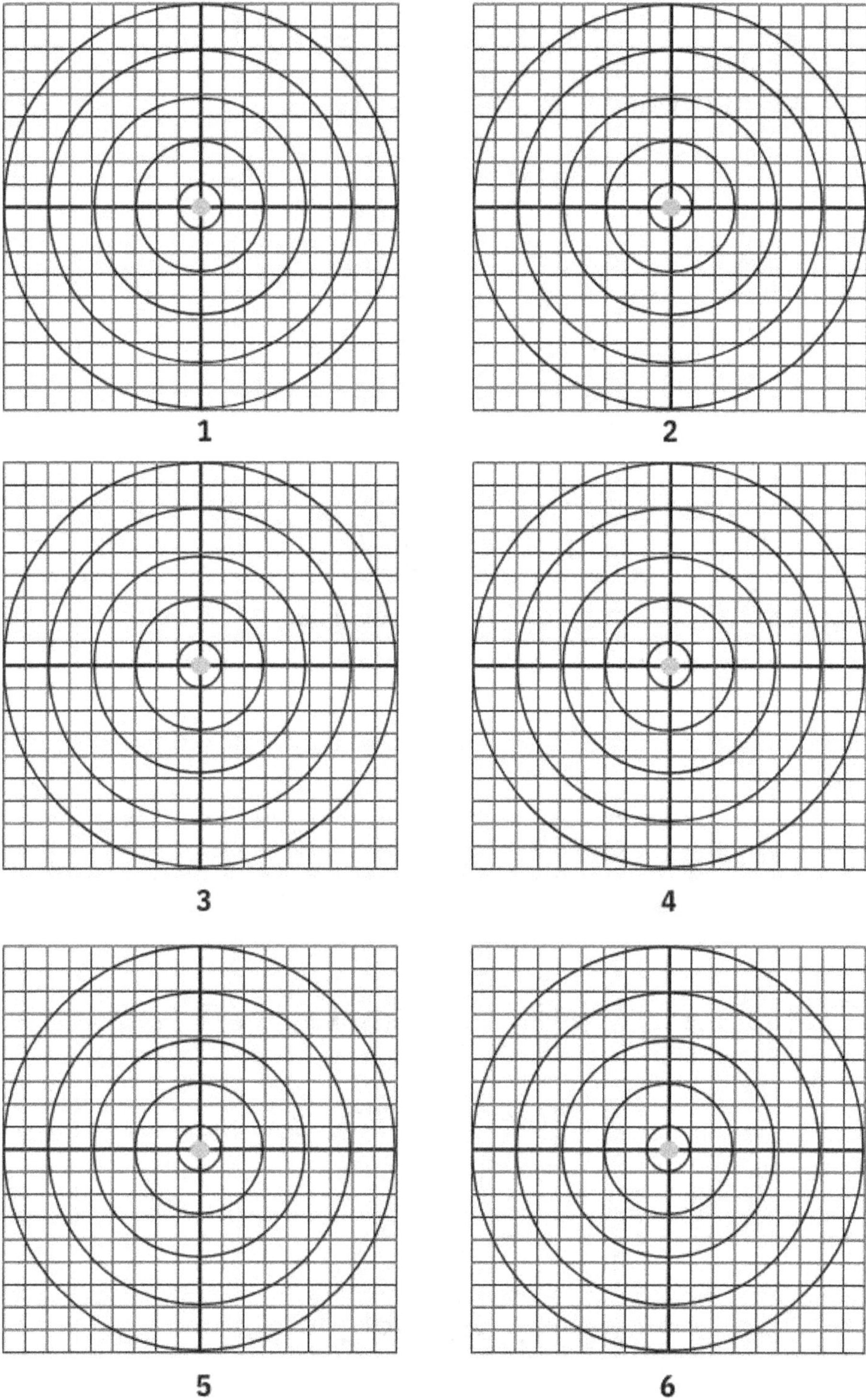

Une idée de cadeau parfaite pour les débutants et les professionnels

Livre de données sur le tir sportif

Date: _________________   Temps: _________

Localisation: _______________________________

Conditions météorologiques

☐   ☐   ☐   ☐   ☐   ☐

Armes à feu:	
Balle:	Profondeur d'assise:
Poudre:	Céréales:
L'abécédaire:	
Laiton:	
Distance:	

Résultats globaux

☐ Mauvais   ☐ Juste   ☐ Bon   ☐ Excellent

Notes complémentaires

____

____

☆ ☆ ☆ ☆ ☆

Une idée de cadeau parfaite pour les débutants et les professionnels

Livre de données sur le tir sportif

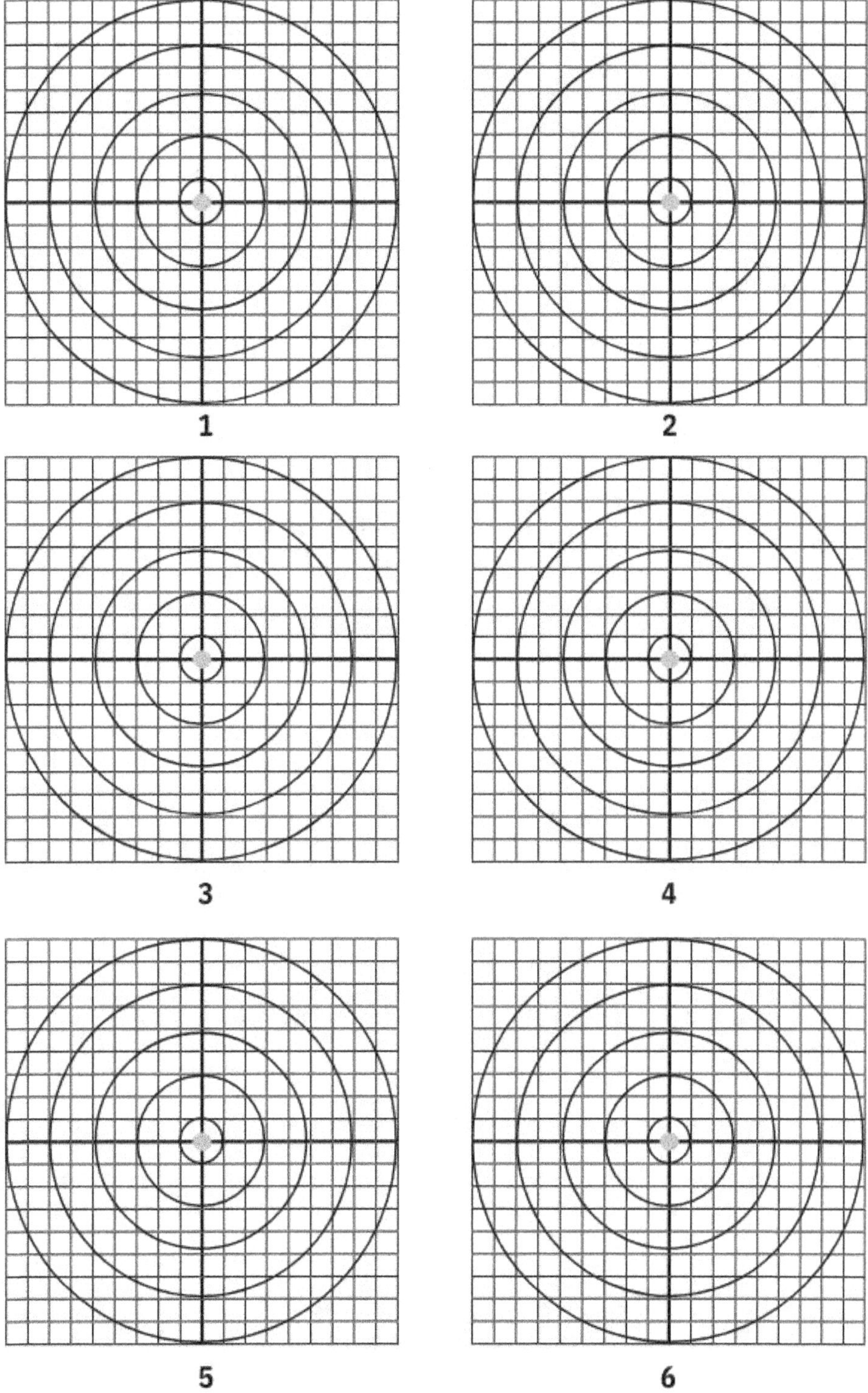

Une idée de cadeau parfaite pour les débutants et les professionnels

Livre de données sur le tir sportif

Date: _______________________ Temps: __________

Localisation: _______________________________

Conditions météorologiques

☐ ☐ ☐ ☐ ☐ ☐

Armes à feu:	
Balle:	Profondeur d'assise:
Poudre:	Céréales:
L'abécédaire:	
Laiton:	
Distance:	

Résultats globaux

☐ Mauvais ☐ Juste ☐ Bon ☐ Excellent

Notes complémentaires

____

____

☆ ☆ ☆ ☆ ☆

Une idée de cadeau parfaite pour les débutants et les professionnels

Livre de données sur le tir sportif

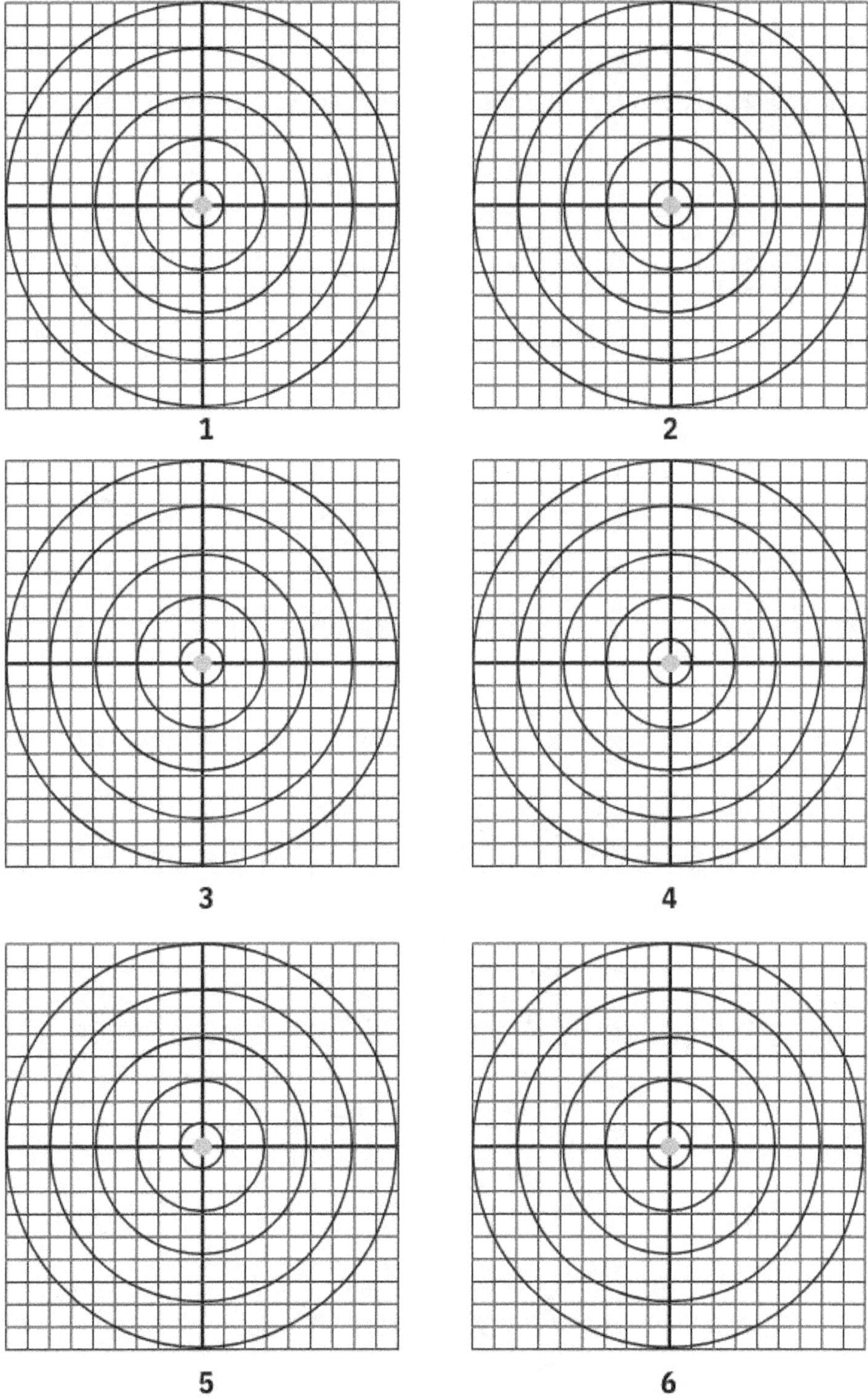

Une idée de cadeau parfaite pour les débutants et les professionnels

Livre de données sur le tir sportif

Date: _________________ Temps: _________

Localisation: _______________________________

Conditions météorologiques

☐ ☐ ☐ ☐ ☐ ☐

Armes à feu:	
Balle:	Profondeur d'assise:
Poudre:	Céréales:
L'abécédaire:	
Laiton:	
Distance:	

Résultats globaux

☐ Mauvais ☐ Juste ☐ Bon ☐ Excellent

Notes complémentaires

____

____

☆ ☆ ☆ ☆ ☆

Une idée de cadeau parfaite pour les débutants et les professionnels

Livre de données sur le tir sportif

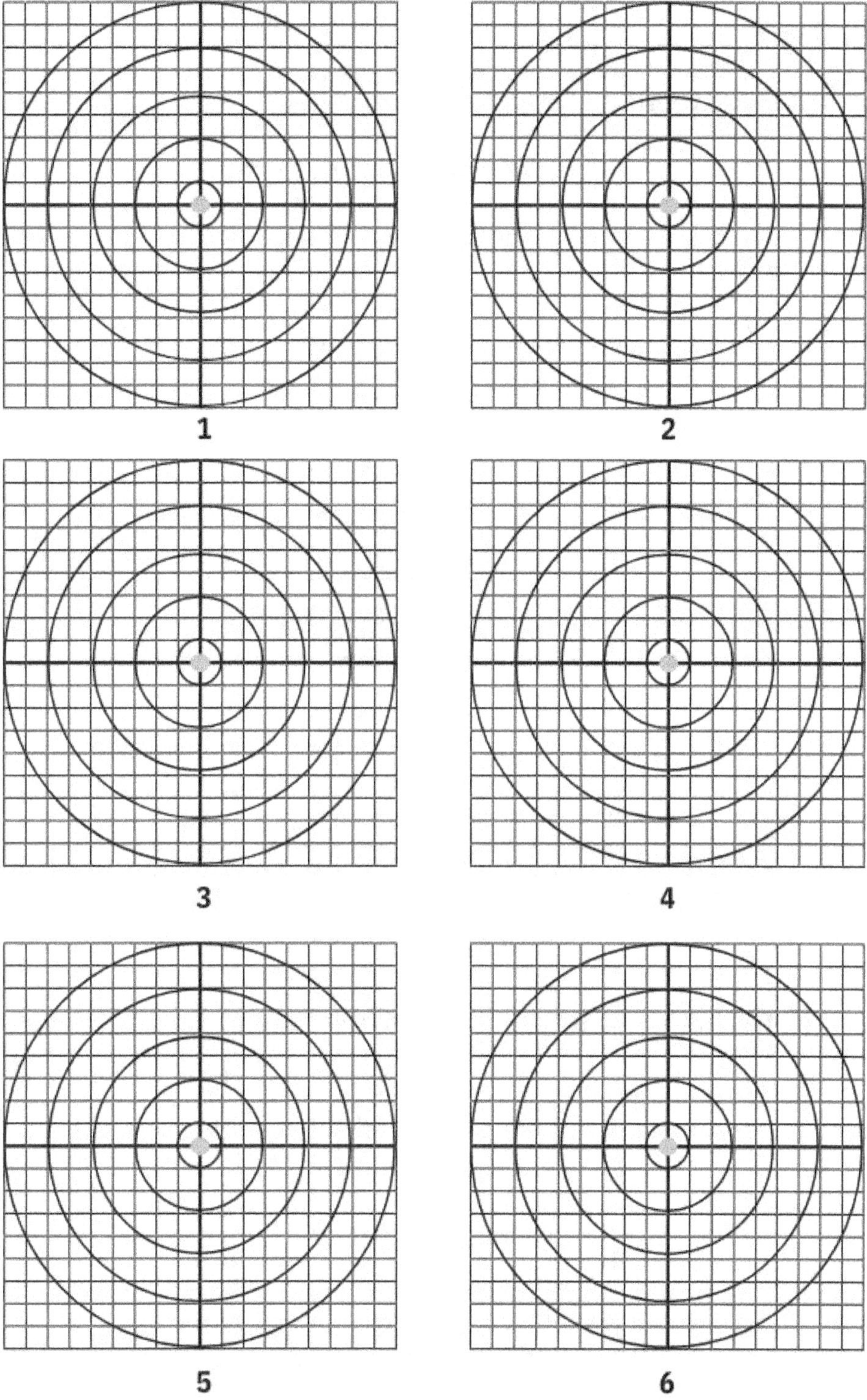

Une idée de cadeau parfaite pour les débutants et les professionnels

Livre de données sur le tir sportif

Date: _____________________   Temps: __________

Localisation: _____________________________

Conditions météorologiques

☐   ☐   ☐   ☐   ☐   ☐

Armes à feu:	
Balle:	Profondeur d'assise:
Poudre:	Céréales:
L'abécédaire:	
Laiton:	
Distance:	

Résultats globaux

☐ Mauvais   ☐ Juste   ☐ Bon   ☐ Excellent

Notes complémentaires

____

____

☆ ☆ ☆ ☆ ☆

Une idée de cadeau parfaite pour les débutants et les professionnels

Livre de données sur le tir sportif

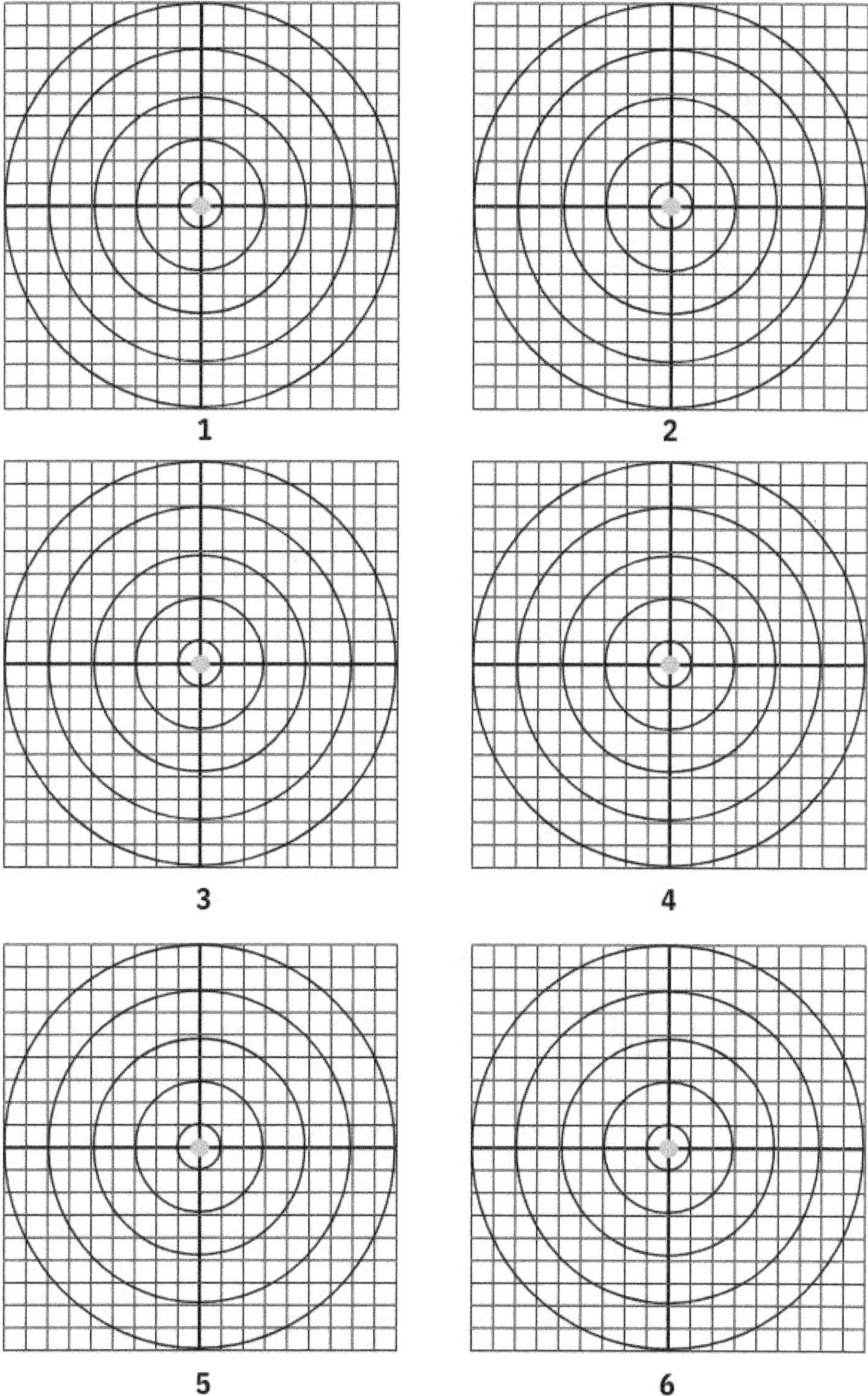

Une idée de cadeau parfaite pour les débutants et les professionnels

Livre de données sur le tir sportif

Date: _____________________   Temps: _________

Localisation: _____________________

Conditions météorologiques

☐   ☐   ☐   ☐   ☐   ☐

Armes à feu:	
Balle:	Profondeur d'assise:
Poudre:	Céréales:
L'abécédaire:	
Laiton:	
Distance:	

Résultats globaux

☐ Mauvais   ☐ Juste   ☐ Bon   ☐ Excellent

Notes complémentaires

____

____

☆ ☆ ☆ ☆ ☆

Une idée de cadeau parfaite pour les débutants et les professionnels

Livre de données sur le tir sportif

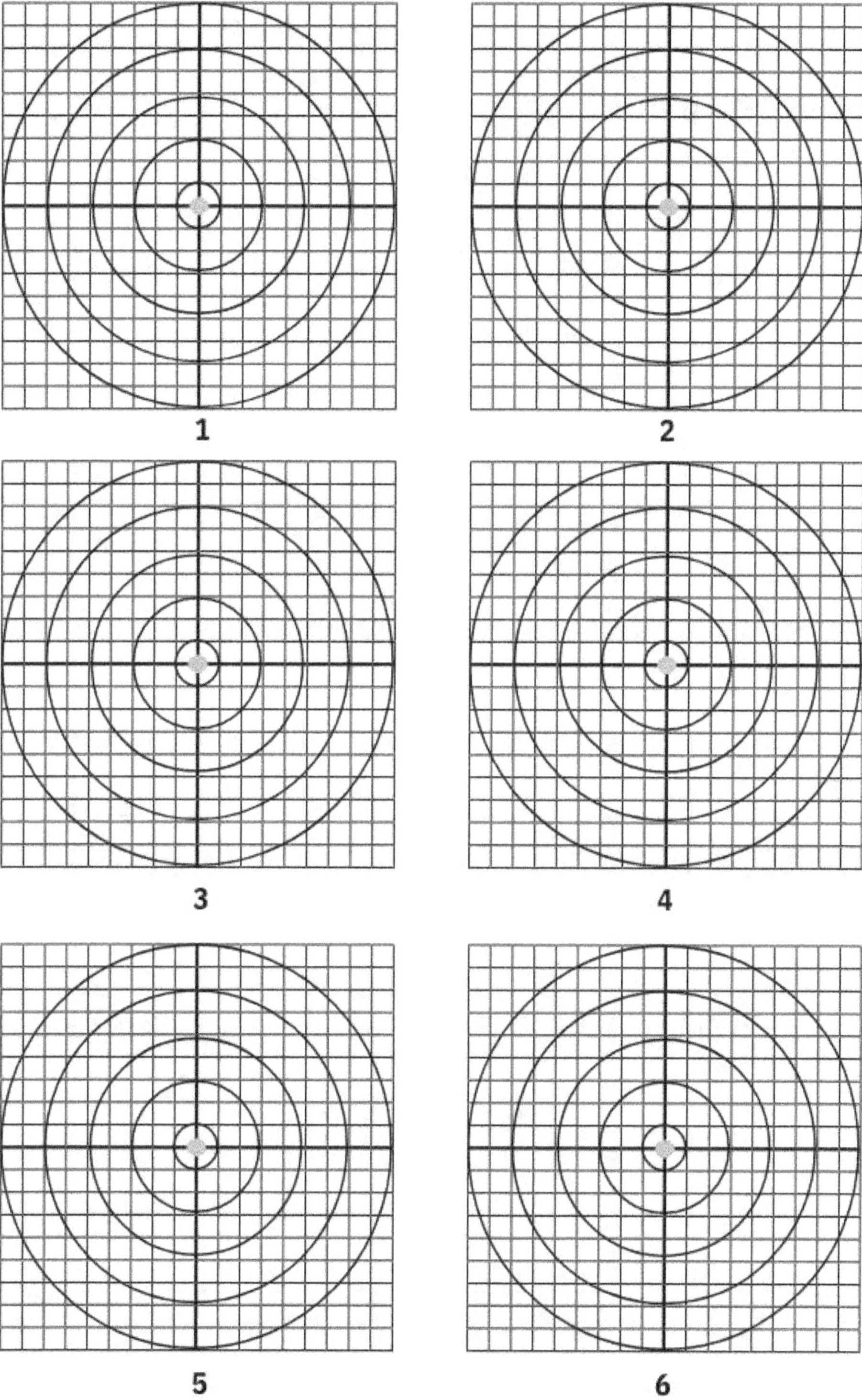

Une idée de cadeau parfaite pour les débutants et les professionnels

Livre de données sur le tir sportif

📅 Date: _________________________   🕐 Temps: __________

📍 Localisation: _______________________________________

Conditions météorologiques

☀ ☐   ⛅ ☐   🌥 ☐   🌦 ☐   🌧 ☐   🌨 ☐   🚩 _______   🌡 _______

Armes à feu:	
Balle:	Profondeur d'assise:
Poudre:	Céréales:
L'abécédaire:	
Laiton:	
Distance:	

Résultats globaux

☐ Mauvais   ☐ Juste   ☐ Bon   ☐ Excellent

Notes complémentaires

____

____

☆ ☆ ☆ ☆ ☆

Une idée de cadeau parfaite pour les débutants et les professionnels

Livre de données sur le tir sportif

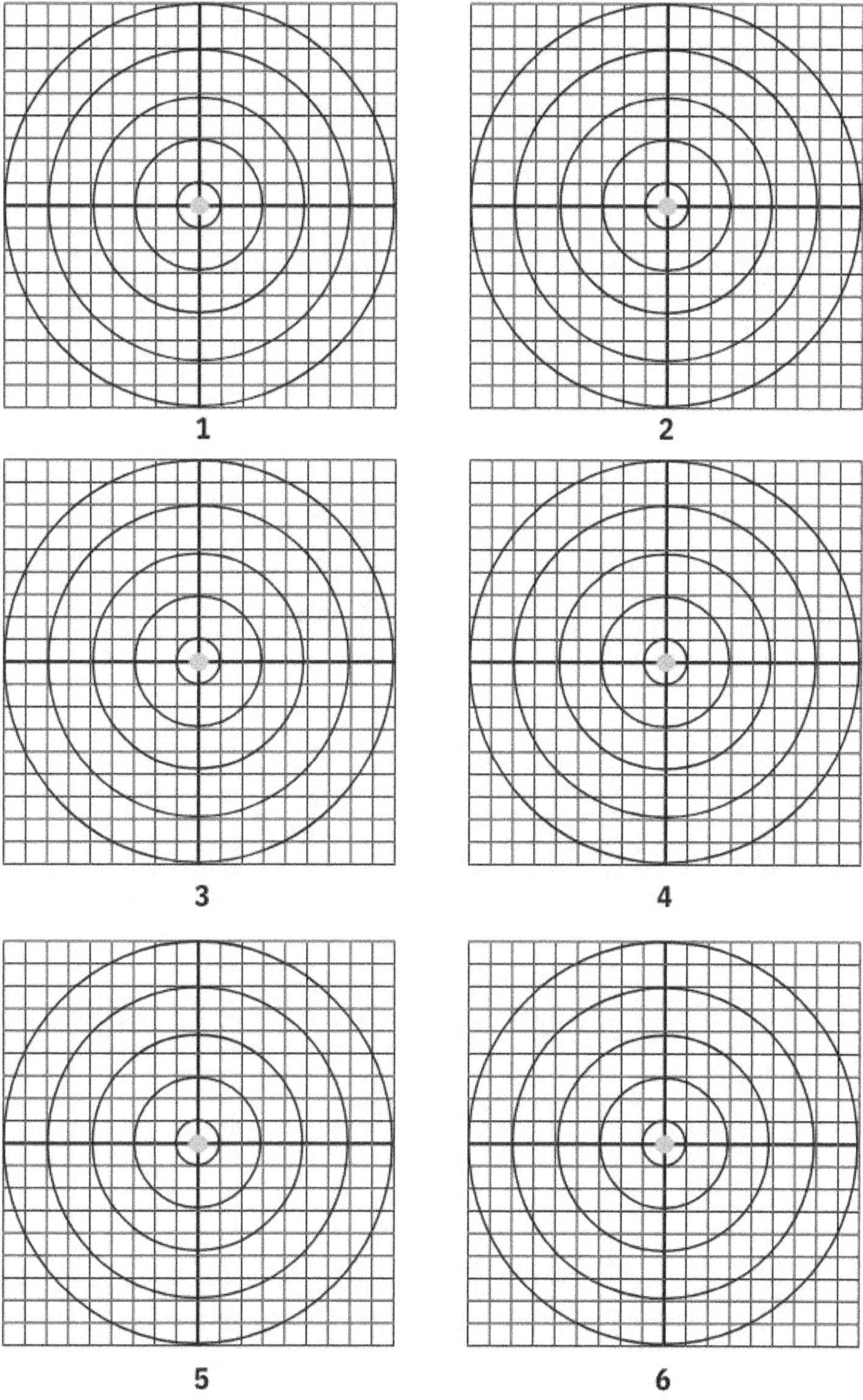

Une idée de cadeau parfaite pour les débutants et les professionnels

Livre de données sur le tir sportif

📅 Date: _________________________ 🕐 Temps: __________

📍 Localisation: _________________________________

Conditions météorologiques

☀ ☐　⛅ ☐　🌦 ☐　🌧 ☐　🌧 ☐　🌨 ☐　🚩 _______　🌡 _______

Armes à feu:	
Balle:	Profondeur d'assise:
Poudre:	Céréales:
L'abécédaire:	
Laiton:	
Distance:	

Résultats globaux

☐ Mauvais　☐ Juste　☐ Bon　☐ Excellent

Notes complémentaires

____

____

☆ ☆ ☆ ☆ ☆

Une idée de cadeau parfaite pour les débutants et les professionnels

Livre de données sur le tir sportif

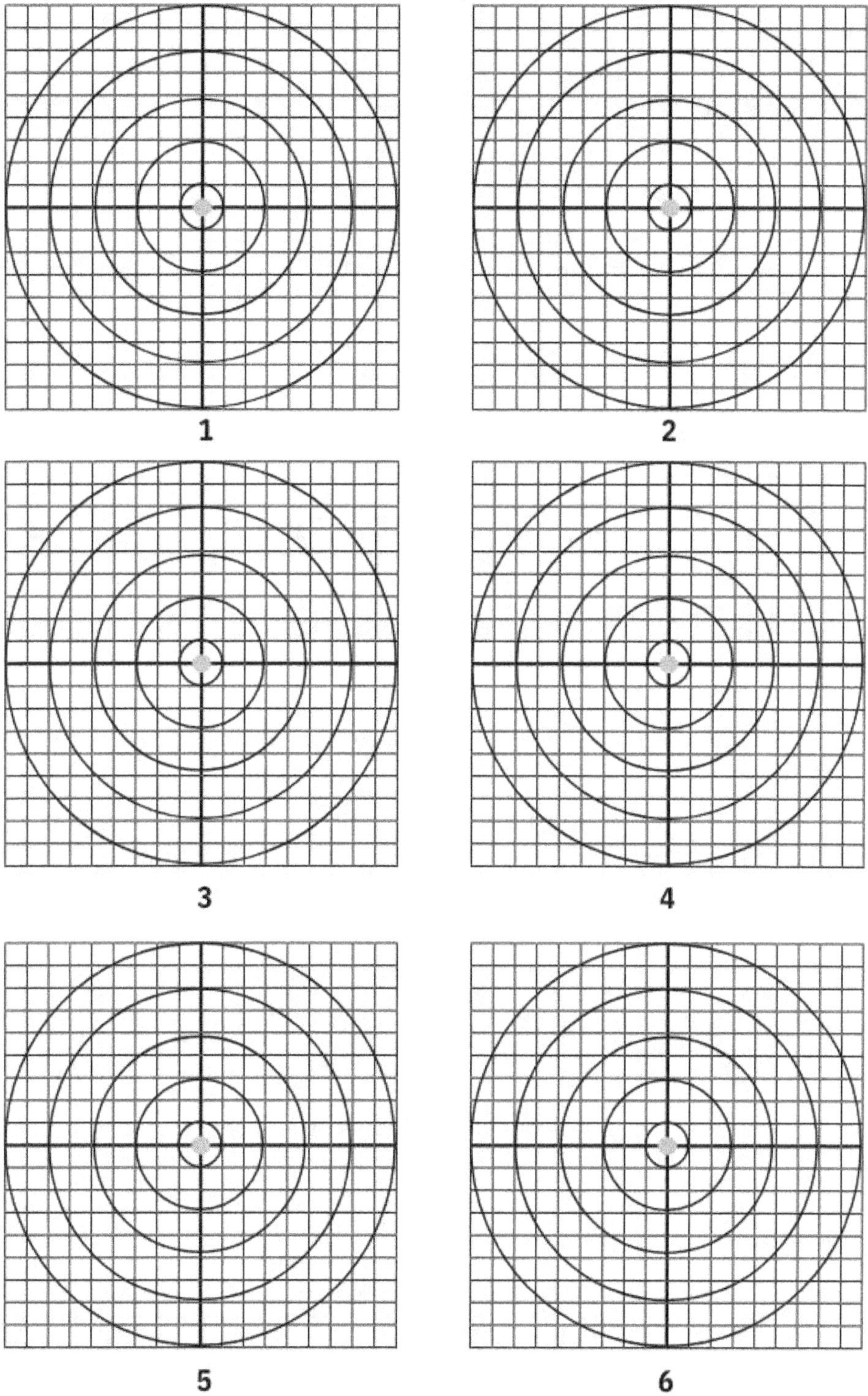

Une idée de cadeau parfaite pour les débutants et les professionnels

Livre de données sur le tir sportif

Date: _________________   Temps: _________

Localisation: _________________________

Conditions météorologiques

☐ ☐ ☐ ☐ ☐ ☐

Armes à feu:	
Balle:	Profondeur d'assise:
Poudre:	Céréales:
L'abécédaire:	
Laiton:	
Distance:	

Résultats globaux

☐ Mauvais   ☐ Juste   ☐ Bon   ☐ Excellent

Notes complémentaires

____

____

☆ ☆ ☆ ☆ ☆

Une idée de cadeau parfaite pour les débutants et les professionnels

Livre de données sur le tir sportif

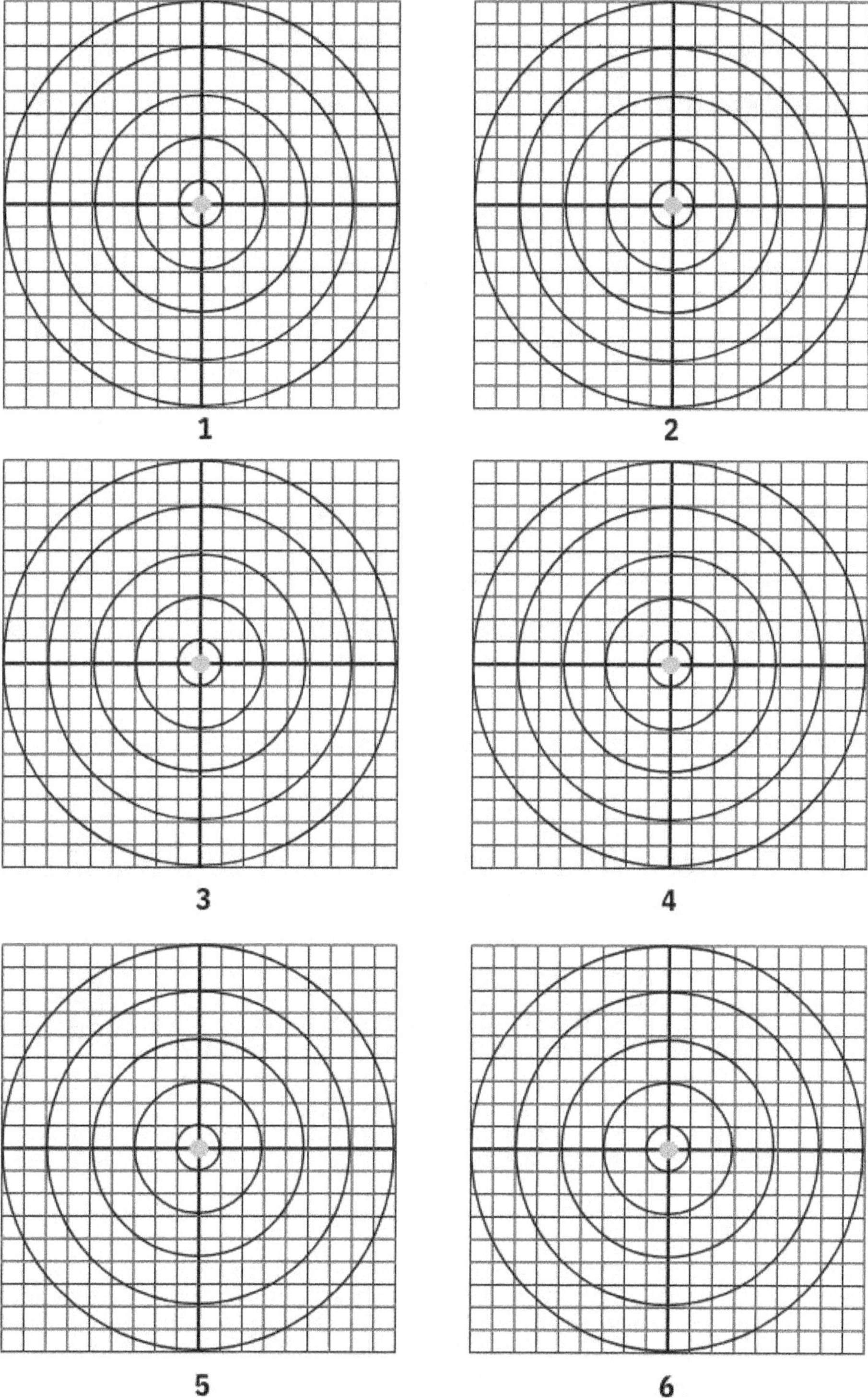

Une idée de cadeau parfaite pour les débutants et les professionnels

Livre de données sur le tir sportif

📅 Date: _________________________   🕐 Temps: __________

📍 Localisation: _______________________________________

Conditions météorologiques

☀ ☐   ⛅ ☐   🌥 ☐   🌦 ☐   🌧 ☐   🌨 ☐   🚩 ______   🌡 ______

Armes à feu:	
Balle:	Profondeur d'assise:
Poudre:	Céréales:
L'abécédaire:	
Laiton:	
Distance:	

Résultats globaux

☐ Mauvais   ☐ Juste   ☐ Bon   ☐ Excellent

Notes complémentaires

____

____

____

☆ ☆ ☆ ☆ ☆

Une idée de cadeau parfaite pour les débutants et les professionnels

Livre de données sur le tir sportif

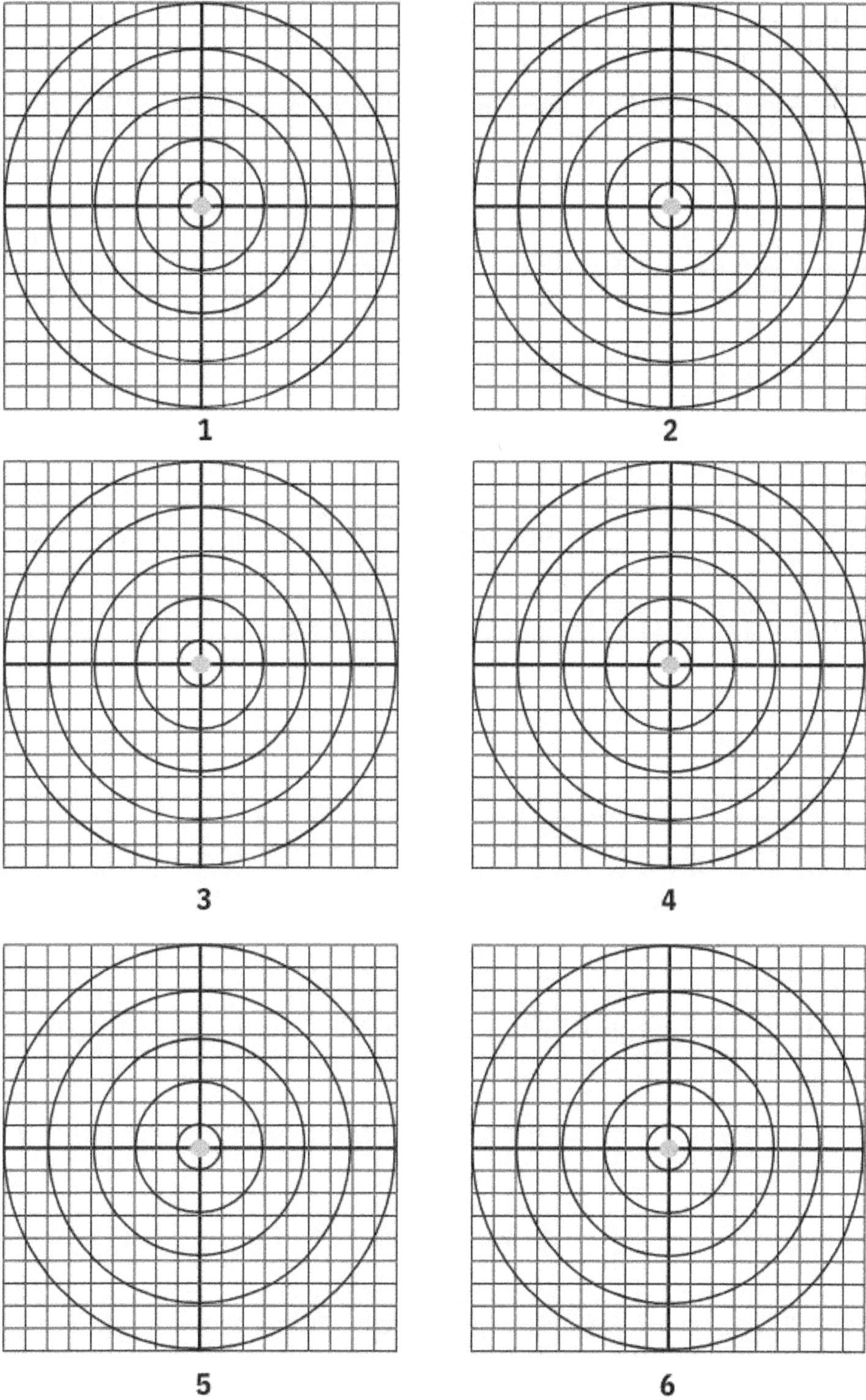

Une idée de cadeau parfaite pour les débutants et les professionnels

Livre de données sur le tir sportif

Date: ________________   Temps: __________

Localisation: ________________________________

Conditions météorologiques

☐   ☐   ☐   ☐   ☐   ☐   ________   ________

Armes à feu:	
Balle:	Profondeur d'assise:
Poudre:	Céréales:
L'abécédaire:	
Laiton:	
Distance:	

Résultats globaux

☐ Mauvais   ☐ Juste   ☐ Bon   ☐ Excellent

Notes complémentaires

____

____

☆ ☆ ☆ ☆ ☆

Une idée de cadeau parfaite pour les débutants et les professionnels

Livre de données sur le tir sportif

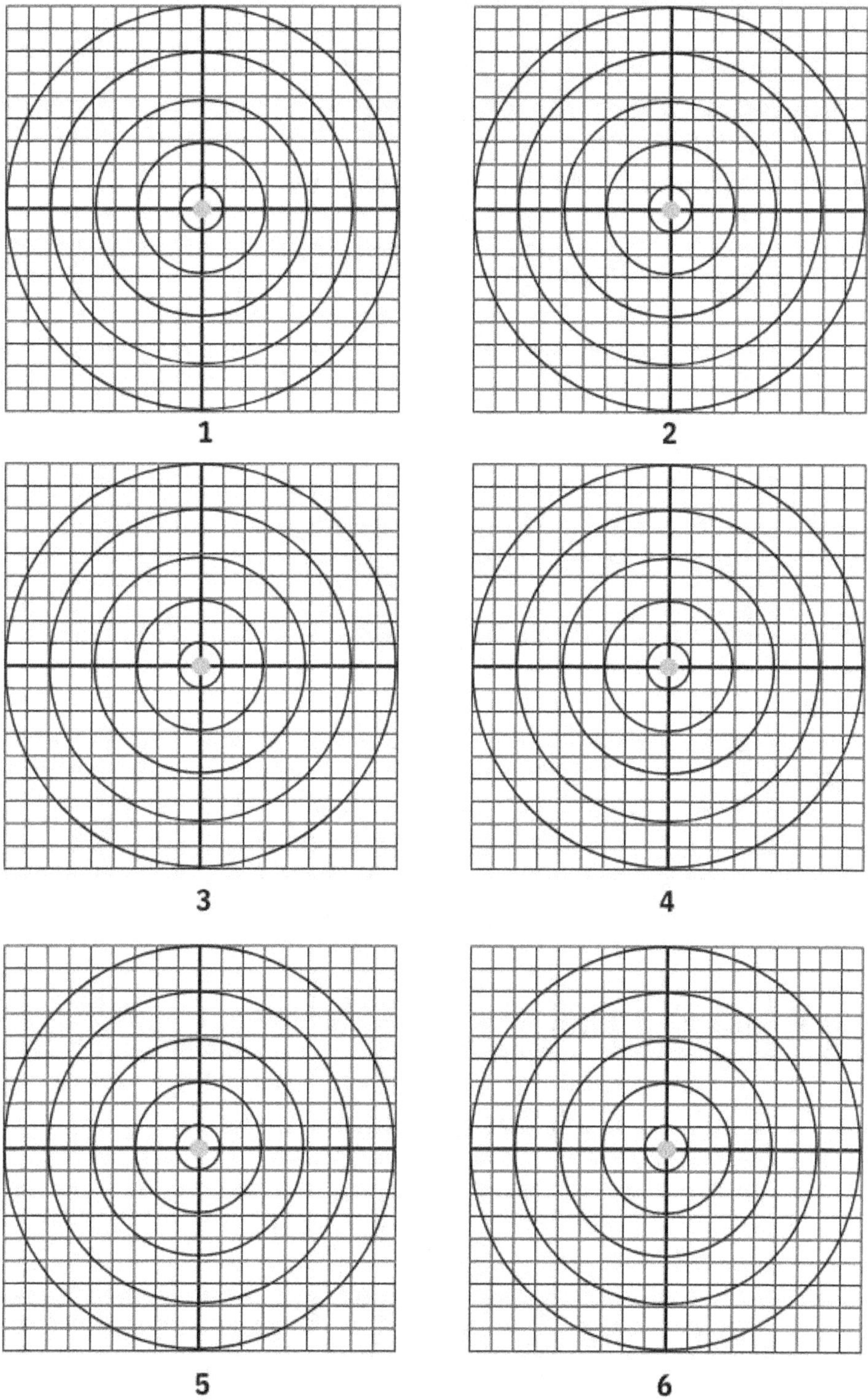

Une idée de cadeau parfaite pour les débutants et les professionnels

Livre de données sur le tir sportif

📅 Date: _________________________ 🕐 Temps: __________

📍 Localisation: _________________________________

Conditions météorologiques

☐ ☐ ☐ ☐ ☐ ☐ ___________   ___________

Armes à feu:	
Balle:	Profondeur d'assise:
Poudre:	Céréales:
L'abécédaire:	
Laiton:	
Distance:	

Résultats globaux

☐ Mauvais ☐ Juste ☐ Bon ☐ Excellent

Notes complémentaires

____

____

☆ ☆ ☆ ☆ ☆

Une idée de cadeau parfaite pour les débutants et les professionnels

Livre de données sur le tir sportif

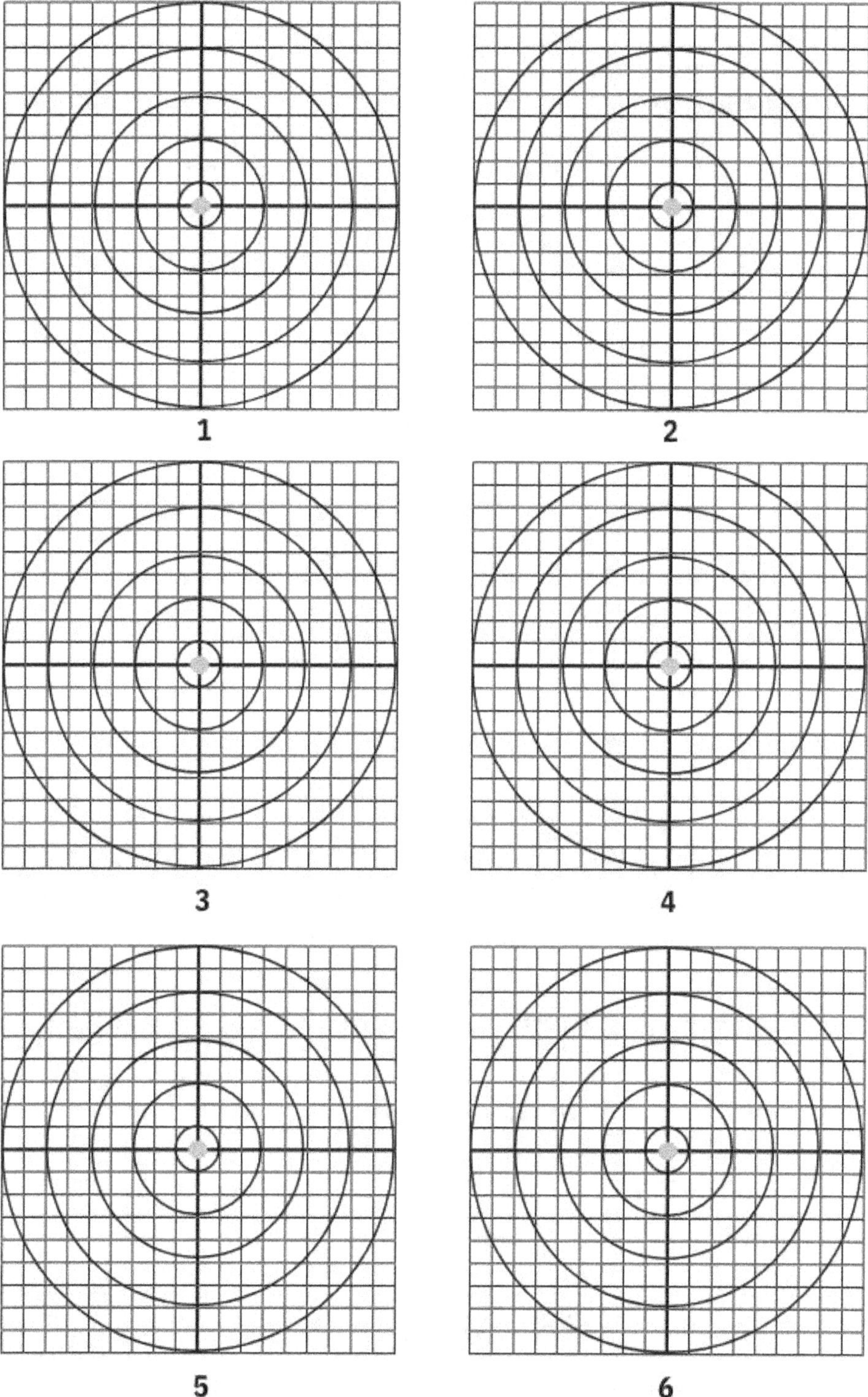

Une idée de cadeau parfaite pour les débutants et les professionnels

Livre de données sur le tir sportif

Date: ___________________   Temps: _________

Localisation: _______________________________

Conditions météorologiques

☐   ☐   ☐   ☐   ☐   ☐

Armes à feu:	
Balle:	Profondeur d'assise:
Poudre:	Céréales:
L'abécédaire:	
Laiton:	
Distance:	

Résultats globaux

☐ Mauvais   ☐ Juste   ☐ Bon   ☐ Excellent

Notes complémentaires

____

____

☆ ☆ ☆ ☆ ☆

Une idée de cadeau parfaite pour les débutants et les professionnels

Livre de données sur le tir sportif

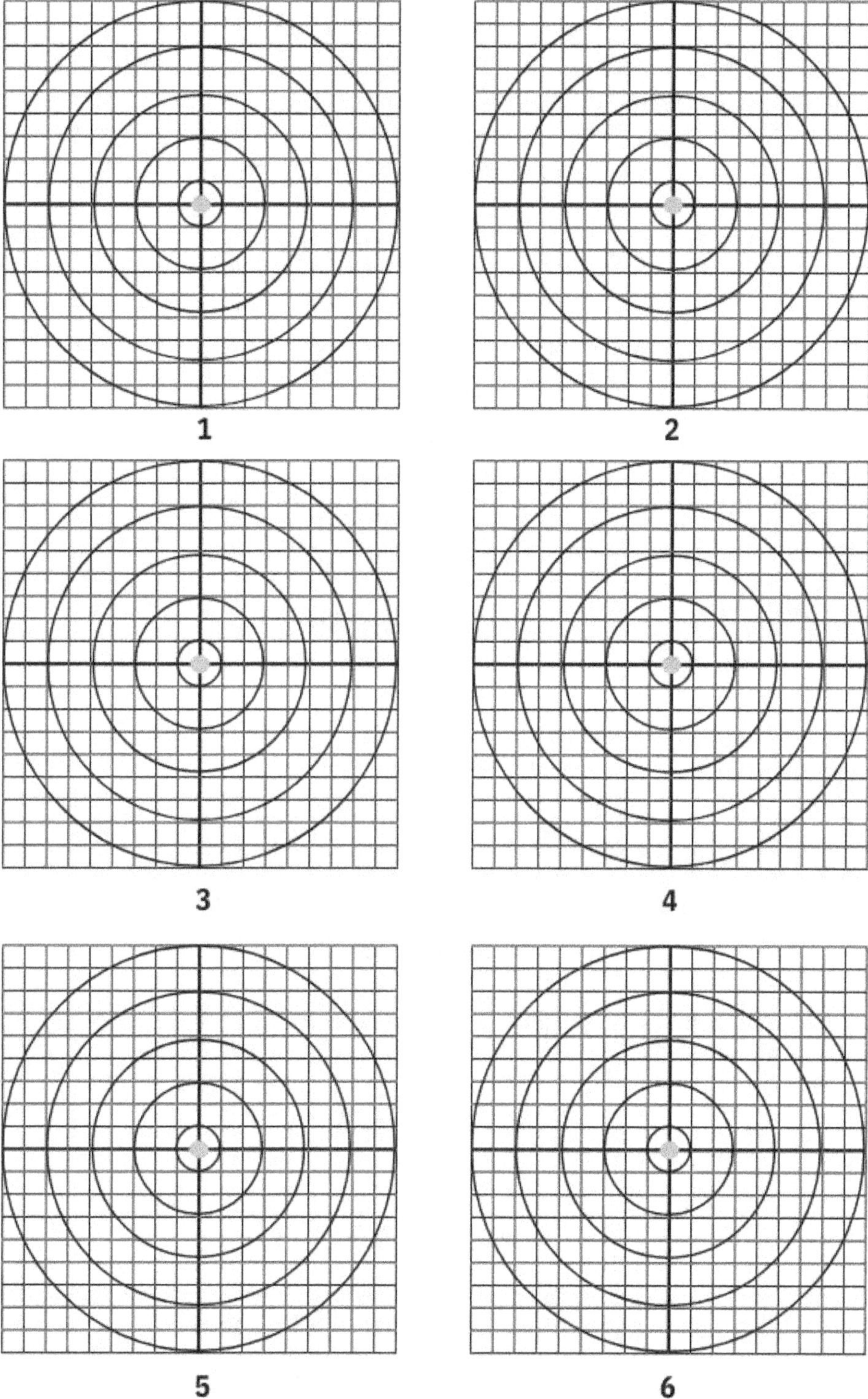

Une idée de cadeau parfaite pour les débutants et les professionnels

Livre de données sur le tir sportif

📅 Date: _________________ 🕐 Temps: _________

📍 Localisation: _____________________________

Conditions météorologiques

☐   ☐   ☐   ☐   ☐   ☐

Armes à feu:	
Balle:	Profondeur d'assise:
Poudre:	Céréales:
L'abécédaire:	
Laiton:	
Distance:	

Résultats globaux

☐ Mauvais   ☐ Juste   ☐ Bon   ☐ Excellent

Notes complémentaires

____

____

____

☆ ☆ ☆ ☆ ☆

Une idée de cadeau parfaite pour les débutants et les professionnels

Livre de données sur le tir sportif

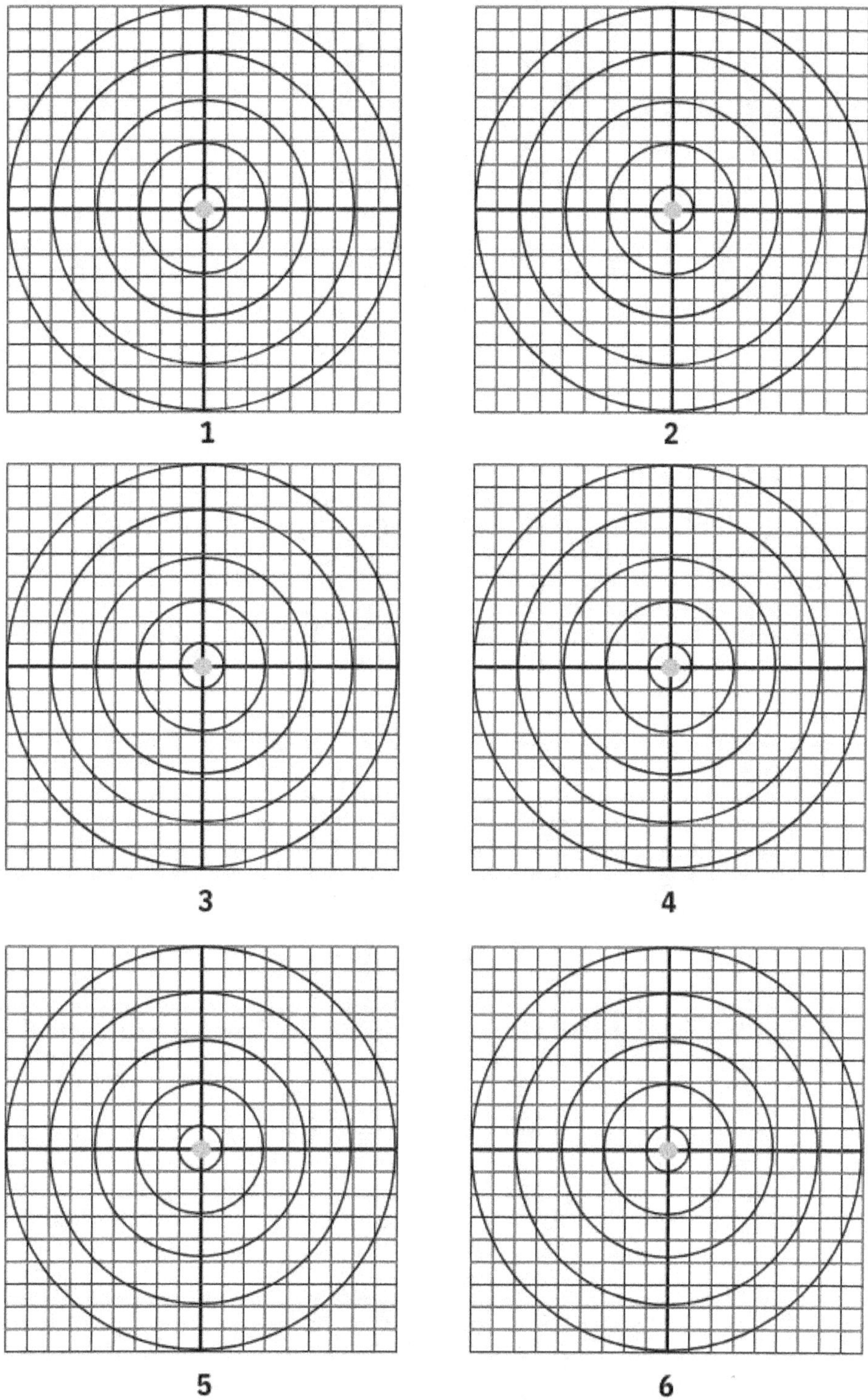

Une idée de cadeau parfaite pour les débutants et les professionnels

Livre de données sur le tir sportif

Date: ________________   Temps: __________

Localisation: ____________________________

Conditions météorologiques

☐ ☐ ☐ ☐ ☐ ☐ ______ ______

Armes à feu:	
Balle:	Profondeur d'assise:
Poudre:	Céréales:
L'abécédaire:	
Laiton:	
Distance:	

Résultats globaux

☐ Mauvais   ☐ Juste   ☐ Bon   ☐ Excellent

Notes complémentaires

____

____

☆ ☆ ☆ ☆ ☆

Une idée de cadeau parfaite pour les débutants et les professionnels

Livre de données sur le tir sportif

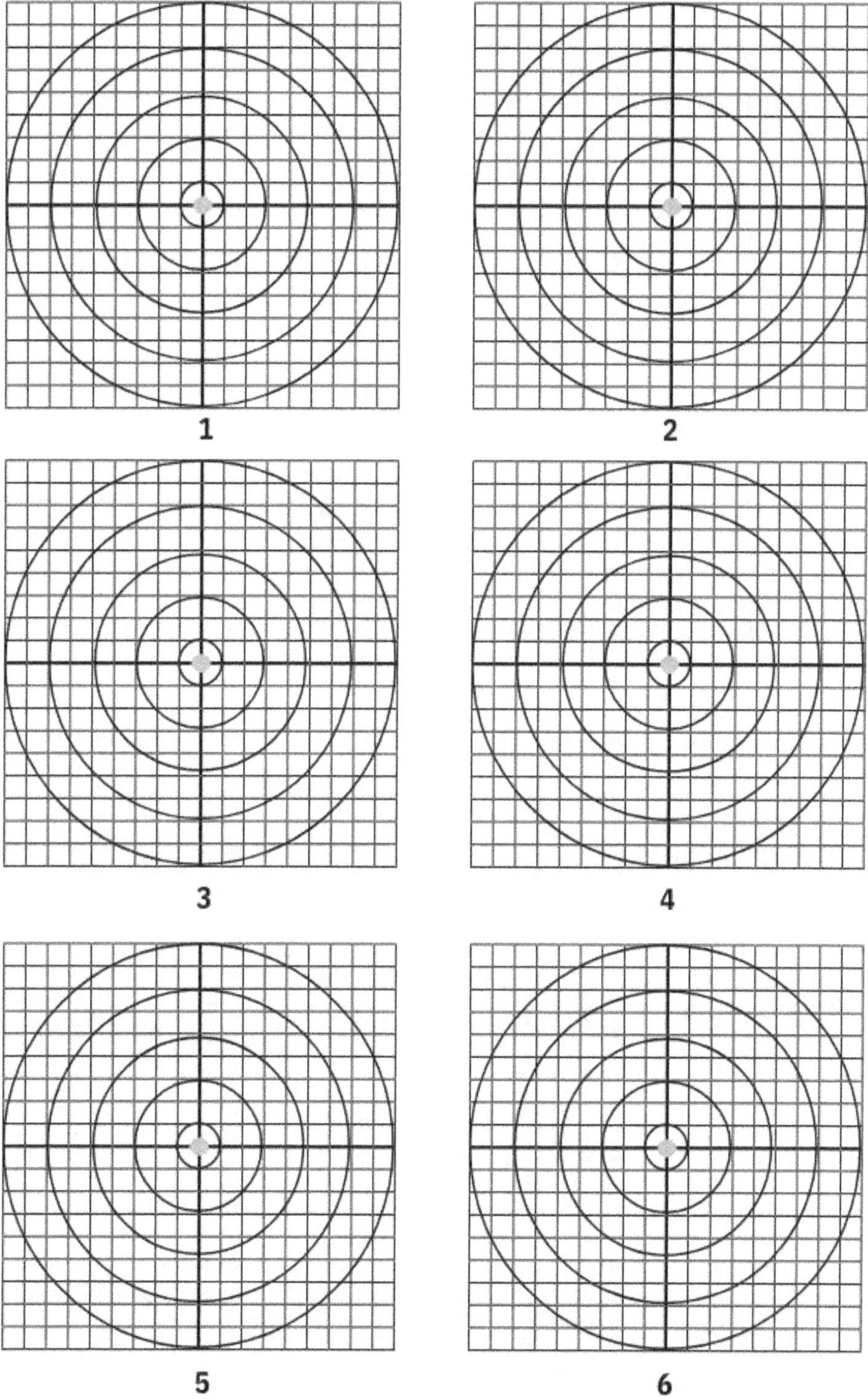

Une idée de cadeau parfaite pour les débutants et les professionnels

Livre de données sur le tir sportif

📅 Date: _________________   🕐 Temps: _________

📍 Localisation: _________________________________

Conditions météorologiques

☐ ☐ ☐ ☐ ☐ ☐

Armes à feu:	
Balle:	Profondeur d'assise:
Poudre:	Céréales:
L'abécédaire:	
Laiton:	
Distance:	

Résultats globaux

☐ Mauvais   ☐ Juste   ☐ Bon   ☐ Excellent

Notes complémentaires

____

____

____

☆ ☆ ☆ ☆ ☆

Une idée de cadeau parfaite pour les débutants et les professionnels

Livre de données sur le tir sportif

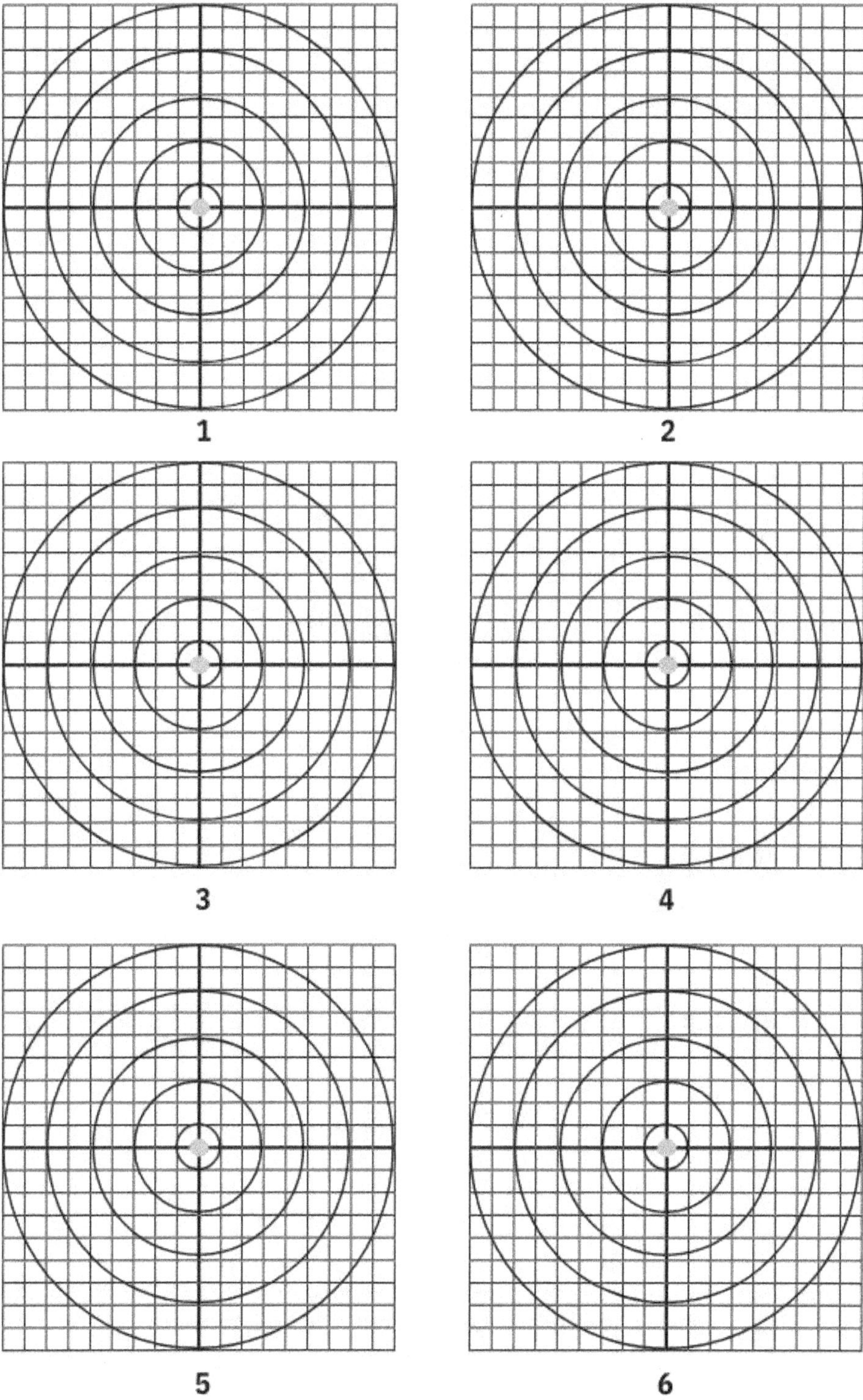

Une idée de cadeau parfaite pour les débutants et les professionnels

Livre de données sur le tir sportif

📅 Date: _________________ 🕐 Temps: _________

📍 Localisation: _____________________________

Conditions météorologiques

☐   ☐   ☐   ☐   ☐   ☐

Armes à feu:	
Balle:	Profondeur d'assise:
Poudre:	Céréales:
L'abécédaire:	
Laiton:	
Distance:	

Résultats globaux

☐ Mauvais   ☐ Juste   ☐ Bon   ☐ Excellent

Notes complémentaires

____

____

☆ ☆ ☆ ☆ ☆

Une idée de cadeau parfaite pour les débutants et les professionnels

Livre de données sur le tir sportif

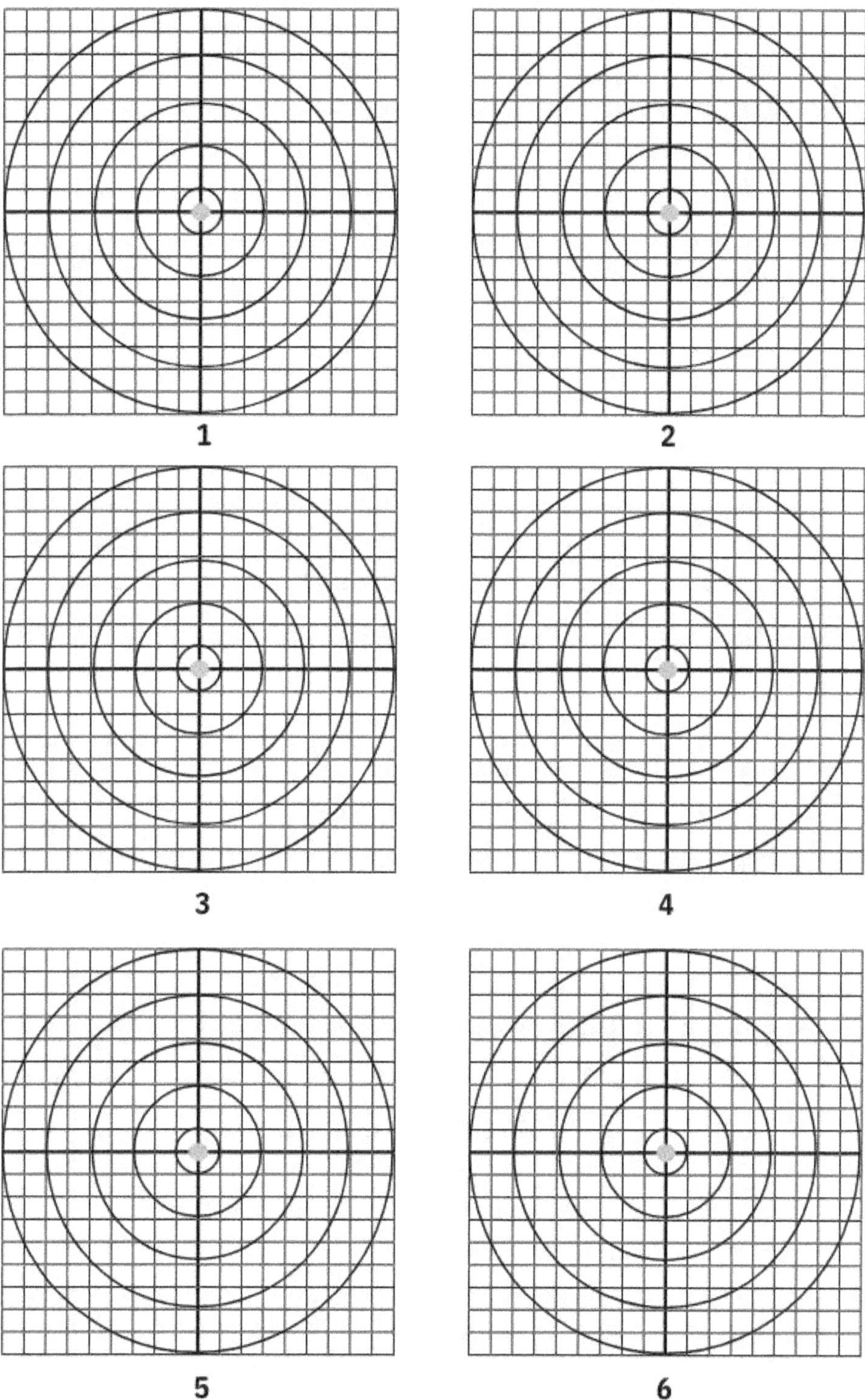

Une idée de cadeau parfaite pour les débutants et les professionnels

Livre de données sur le tir sportif

📅 Date: _________________________ 🕐 Temps: __________

📍 Localisation: _______________________________

Conditions météorologiques

☀ ☐ ⛅ ☐ 🌤 ☐ 🌧 ☐ 🌧 ☐ 🌨 ☐ 🚩 _____ 🌡 _____

Armes à feu:	
Balle:	Profondeur d'assise:
Poudre:	Céréales:
L'abécédaire:	
Laiton:	
Distance:	

Résultats globaux

☐ Mauvais ☐ Juste ☐ Bon ☐ Excellent

Notes complémentaires

____

____

____

☆ ☆ ☆ ☆ ☆

Une idée de cadeau parfaite pour les débutants et les professionnels

Livre de données sur le tir sportif

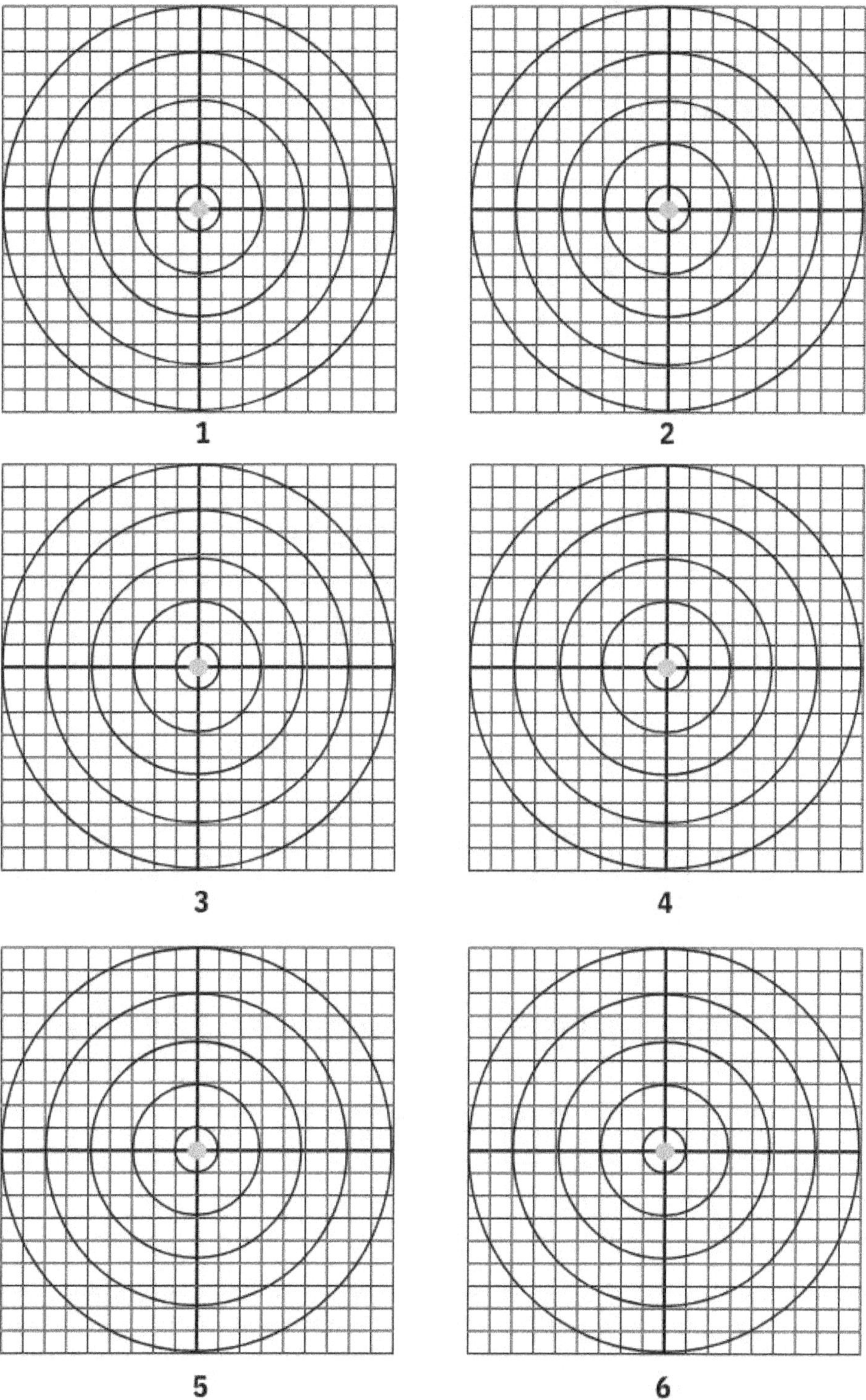

Une idée de cadeau parfaite pour les débutants et les professionnels

Livre de données sur le tir sportif

Date: _________________ Temps: _________

Localisation: _______________________________

Conditions météorologiques

☐   ☐   ☐   ☐   ☐   ☐   ______   ______

Armes à feu:	
Balle:	Profondeur d'assise:
Poudre:	Céréales:
L'abécédaire:	
Laiton:	
Distance:	

Résultats globaux

☐ Mauvais   ☐ Juste   ☐ Bon   ☐ Excellent

Notes complémentaires

____

____

☆ ☆ ☆ ☆ ☆

Une idée de cadeau parfaite pour les débutants et les professionnels

Livre de données sur le tir sportif

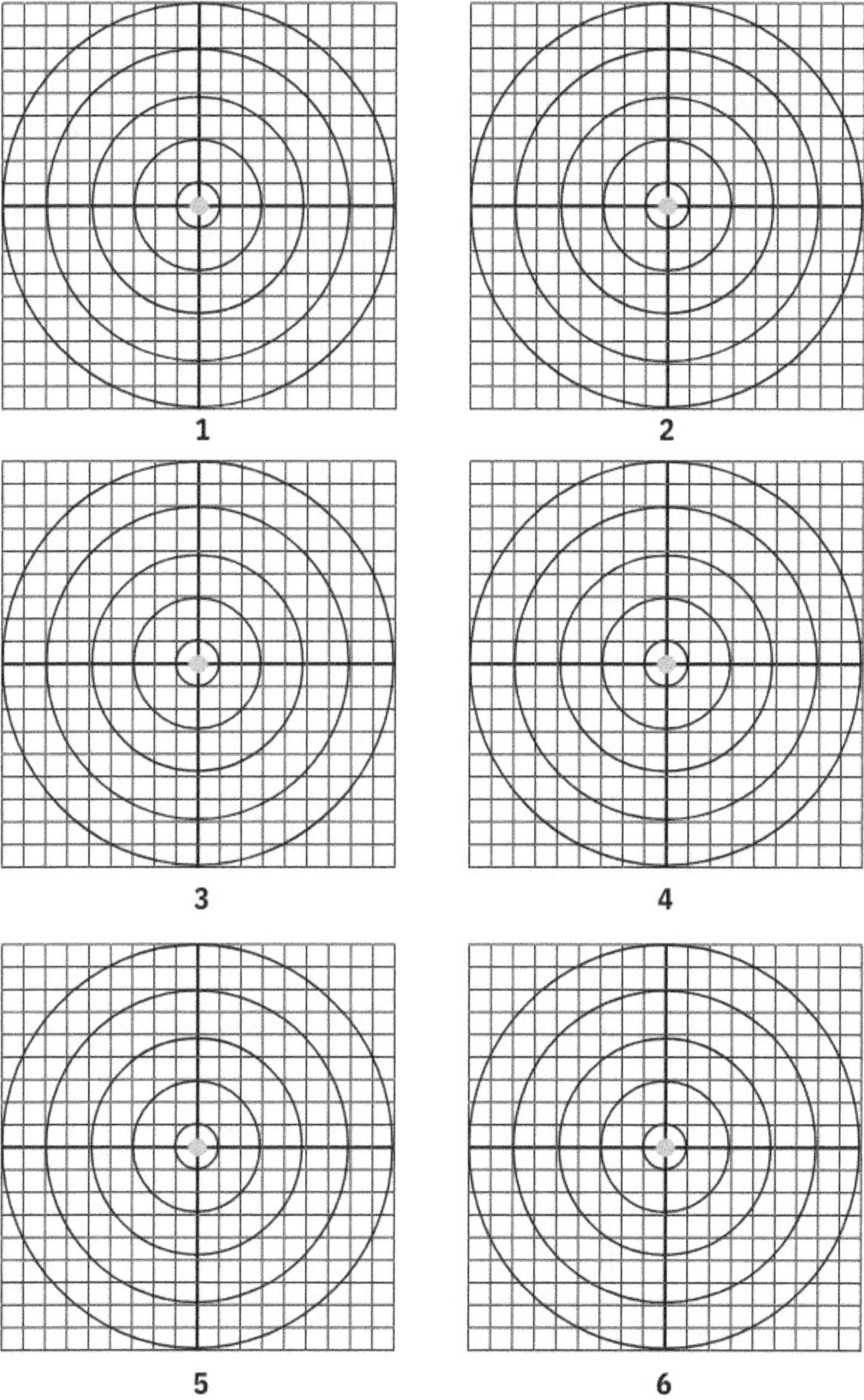

Une idée de cadeau parfaite pour les débutants et les professionnels

Livre de données sur le tir sportif

📅 Date: ________________________ 🕐 Temps: __________

📍 Localisation: ____________________________________

Conditions météorologiques

☀ ☐ ⛅ ☐ 🌦 ☐ 🌧 ☐ 🌧 ☐ 🌨 ☐ 🚩 ______ 🌡 ______

Armes à feu:	
Balle:	Profondeur d'assise:
Poudre:	Céréales:
L'abécédaire:	
Laiton:	
Distance:	

Résultats globaux

☐ Mauvais ☐ Juste ☐ Bon ☐ Excellent

Notes complémentaires

____

____

☆ ☆ ☆ ☆ ☆

Une idée de cadeau parfaite pour les débutants et les professionnels

Livre de données sur le tir sportif

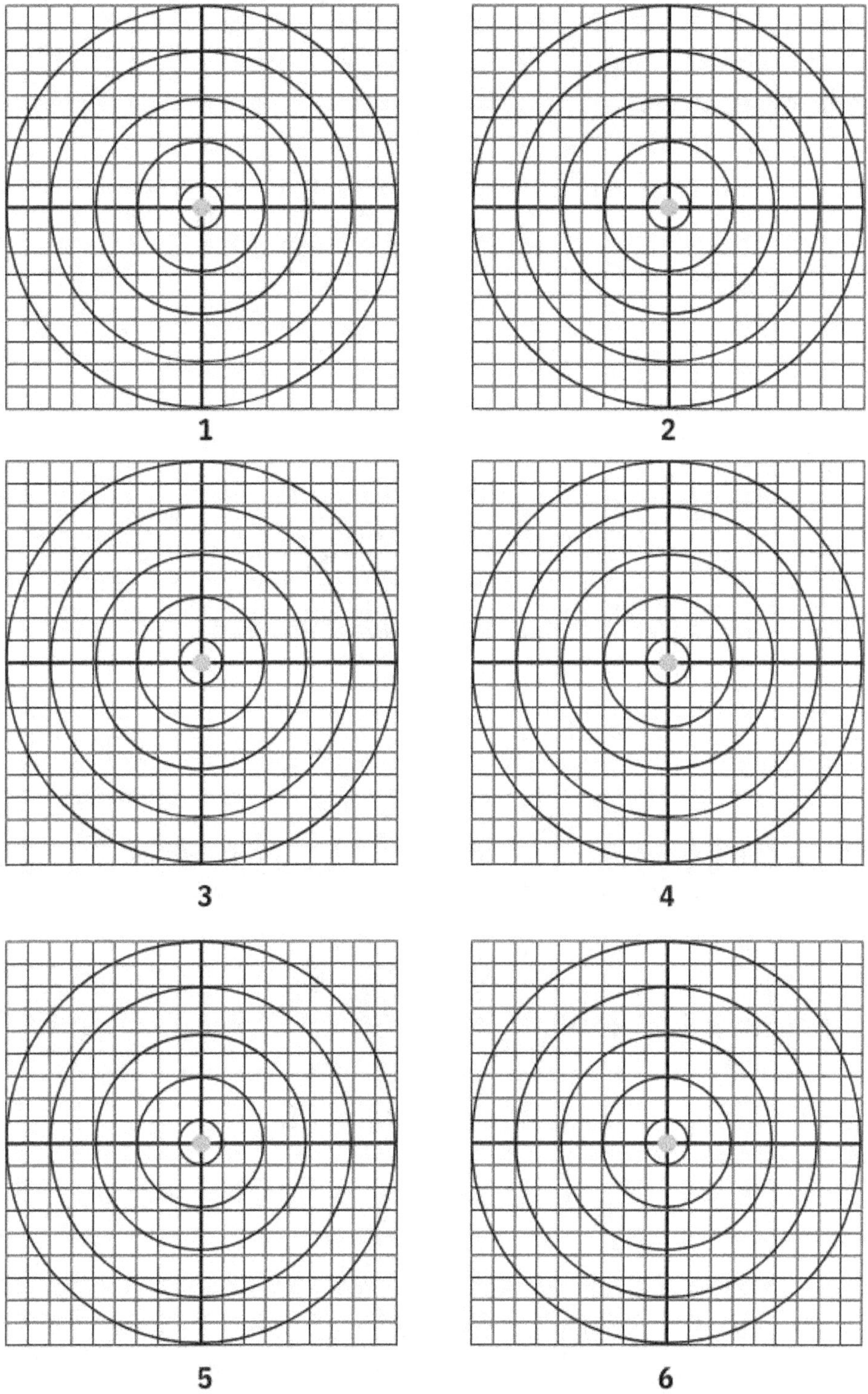

Une idée de cadeau parfaite pour les débutants et les professionnels

Livre de données sur le tir sportif

📅 Date: _______________________ 🕐 Temps: __________

📍 Localisation: _____________________________________

Conditions météorologiques

☐ ☐ ☐ ☐ ☐ ☐ ⚑ _______ 🌡 _______

Armes à feu:	
Balle:	Profondeur d'assise:
Poudre:	Céréales:
L'abécédaire:	
Laiton:	
Distance:	

Résultats globaux

☐ Mauvais   ☐ Juste   ☐ Bon   ☐ Excellent

Notes complémentaires

____

____

☆ ☆ ☆ ☆ ☆

Une idée de cadeau parfaite pour les débutants et les professionnels

Livre de données sur le tir sportif

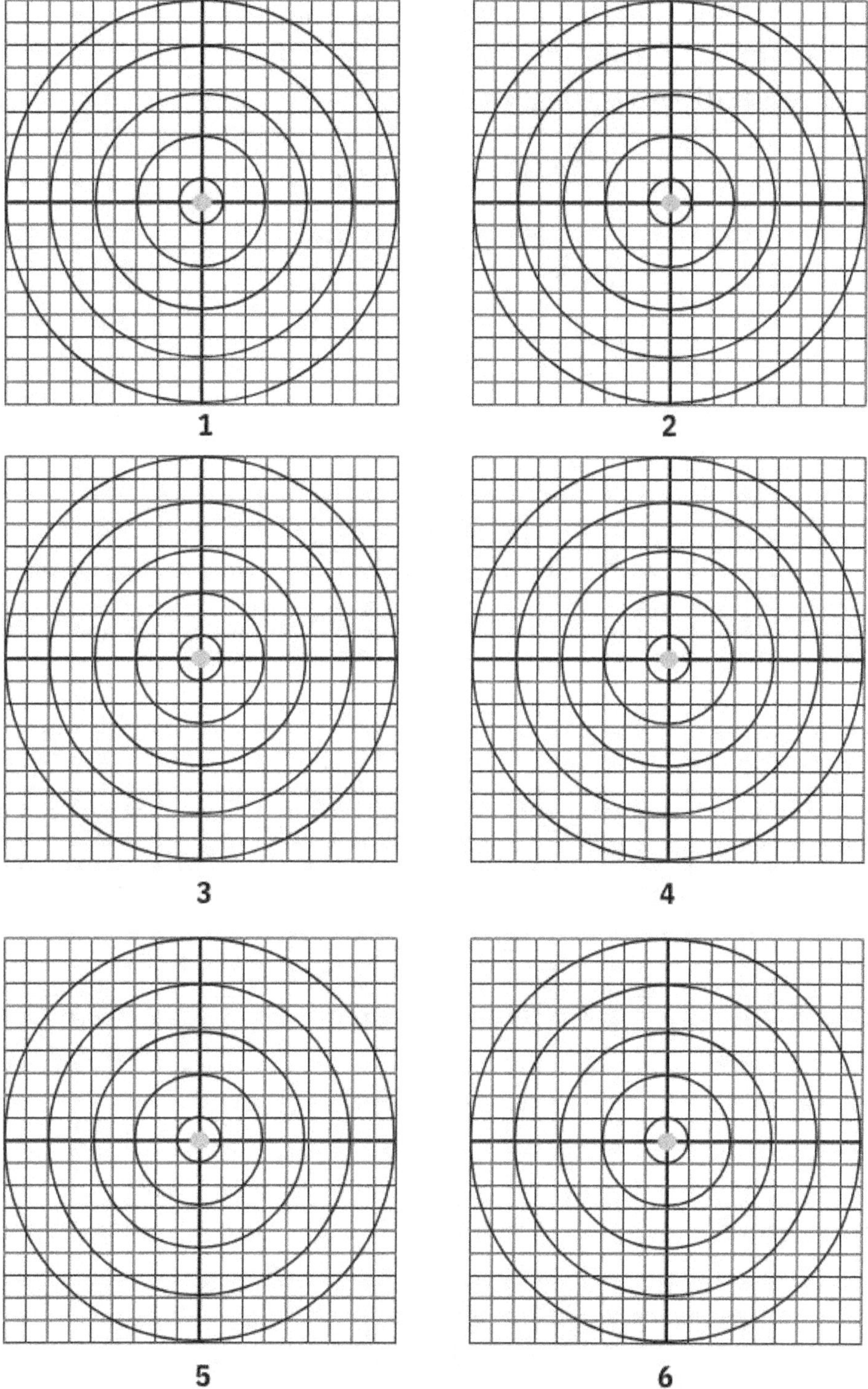

Une idée de cadeau parfaite pour les débutants et les professionnels

Livre de données sur le tir sportif

Date: _______________   Temps: _________

Localisation: _____________________________

Conditions météorologiques

☐   ☐   ☐   ☐   ☐   ☐   _______   _______

Armes à feu:	
Balle:	Profondeur d'assise:
Poudre:	Céréales:
L'abécédaire:	
Laiton:	
Distance:	

Résultats globaux

☐ Mauvais   ☐ Juste   ☐ Bon   ☐ Excellent

Notes complémentaires

____

____

☆ ☆ ☆ ☆ ☆

Une idée de cadeau parfaite pour les débutants et les professionnels

Livre de données sur le tir sportif

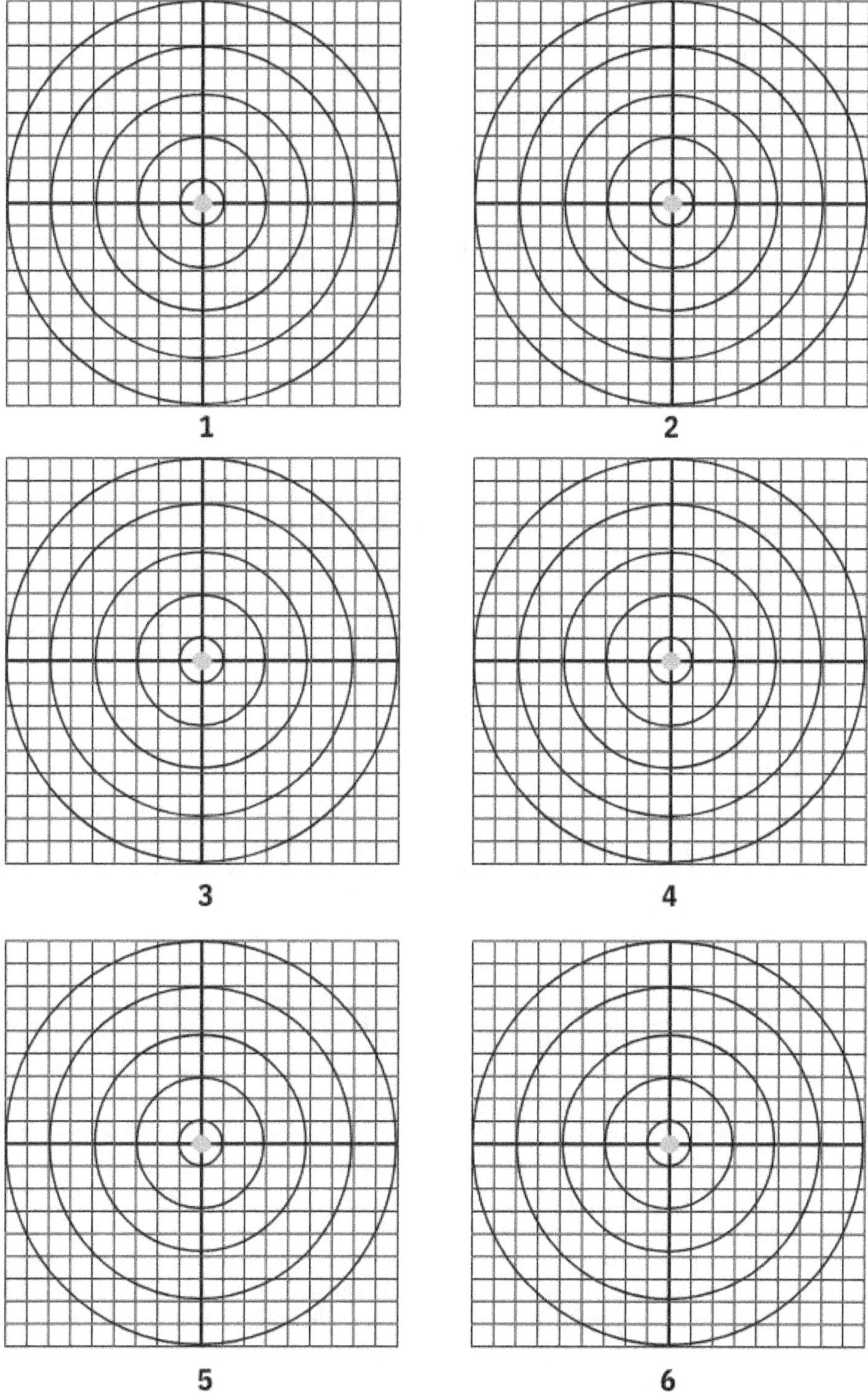

Une idée de cadeau parfaite pour les débutants et les professionnels

Livre de données sur le tir sportif

📅 Date: _________________________   🕐 Temps: ___________

📍 Localisation: ____

Conditions météorologiques

☀ ☐   ⛅ ☐   🌥 ☐   🌦 ☐   🌧 ☐   🌨 ☐   🚩 _______   🌡 _______

Armes à feu:	
Balle:	Profondeur d'assise:
Poudre:	Céréales:
L'abécédaire:	
Laiton:	
Distance:	

Résultats globaux

☐ Mauvais   ☐ Juste   ☐ Bon   ☐ Excellent

Notes complémentaires

____

____

☆ ☆ ☆ ☆ ☆

Une idée de cadeau parfaite pour les débutants et les professionnels

Livre de données sur le tir sportif

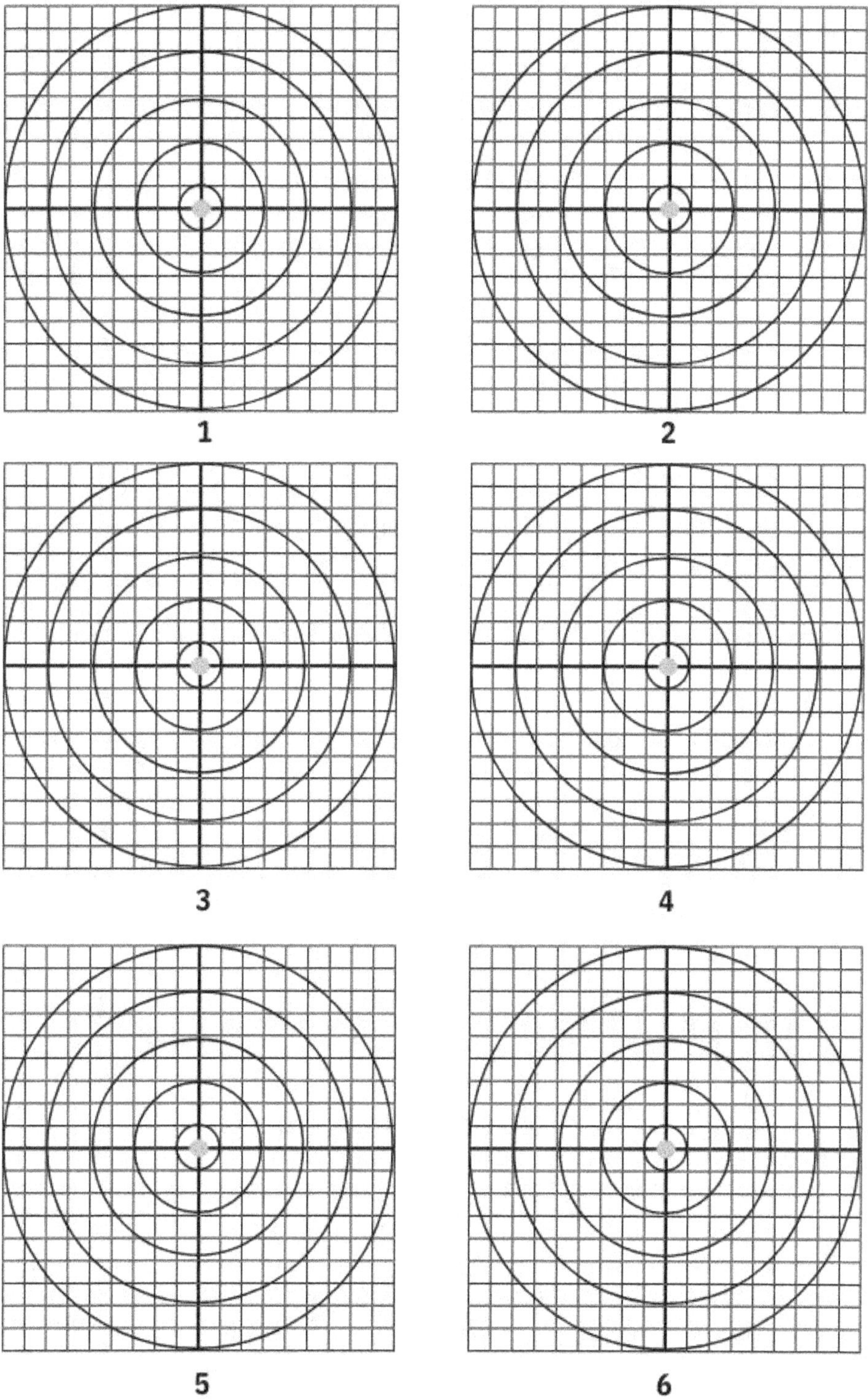

Une idée de cadeau parfaite pour les débutants et les professionnels

Livre de données sur le tir sportif

📅 Date: ______________________   🕐 Temps: __________

📍 Localisation: _______________________________

Conditions météorologiques

☐   ☐   ☐   ☐   ☐   ☐

Armes à feu:	
Balle:	Profondeur d'assise:
Poudre:	Céréales:
L'abécédaire:	
Laiton:	
Distance:	

Résultats globaux

☐ Mauvais   ☐ Juste   ☐ Bon   ☐ Excellent

Notes complémentaires

____

____

____

☆ ☆ ☆ ☆ ☆

Une idée de cadeau parfaite pour les débutants et les professionnels

Livre de données sur le tir sportif

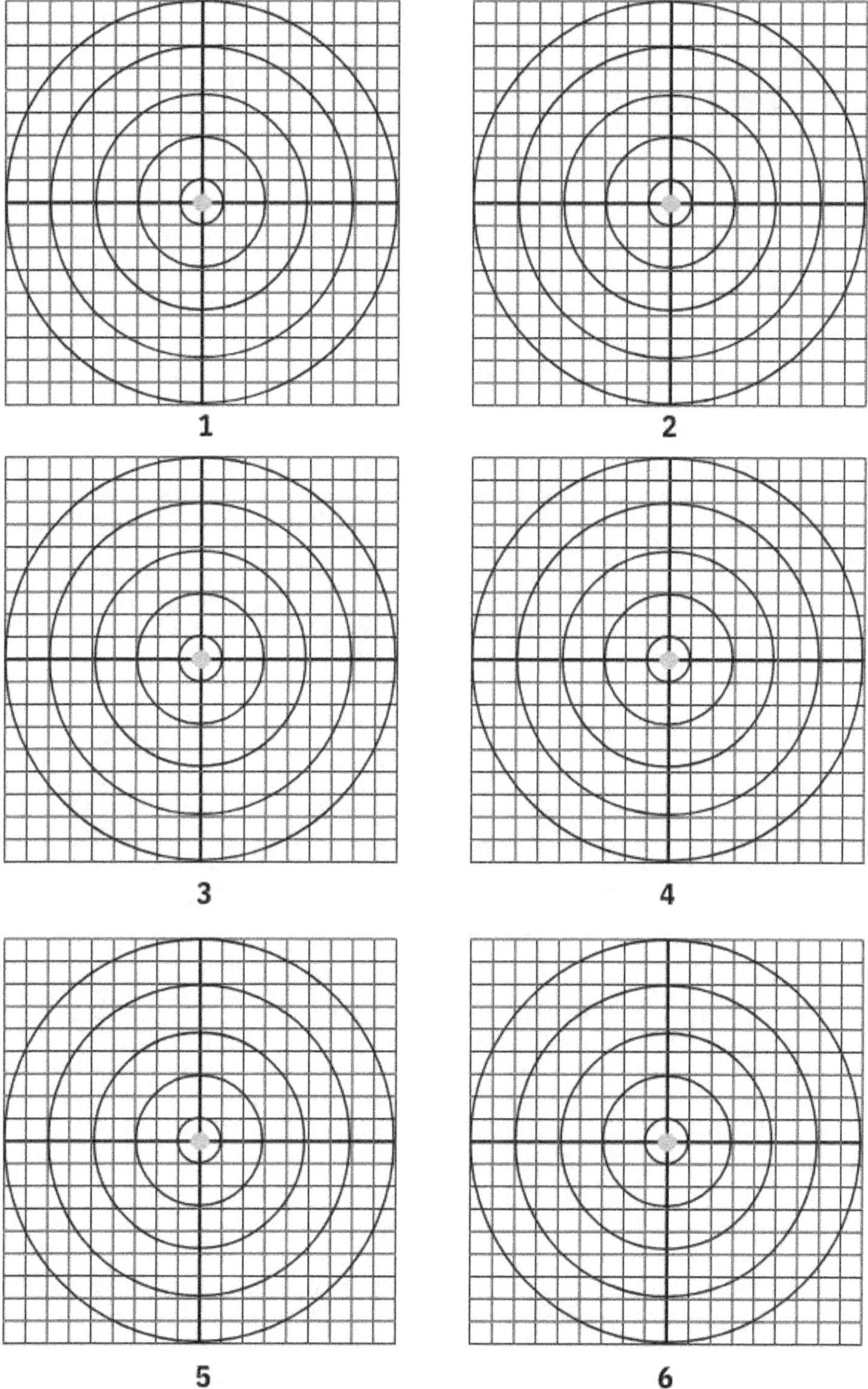

Une idée de cadeau parfaite pour les débutants et les professionnels

Livre de données sur le tir sportif

📅 Date: _____________________ 🕐 Temps: __________

📍 Localisation: _________________________________

Conditions météorologiques

☀ ☐   🌤 ☐   ⛅ ☐   🌦 ☐   🌧 ☐   🌨 ☐   🚩 _____   🌡 _____

Armes à feu:	
Balle:	Profondeur d'assise:
Poudre:	Céréales:
L'abécédaire:	
Laiton:	
Distance:	

Résultats globaux

☐ Mauvais   ☐ Juste   ☐ Bon   ☐ Excellent

Notes complémentaires

____

____

☆ ☆ ☆ ☆ ☆

Une idée de cadeau parfaite pour les débutants et les professionnels

Livre de données sur le tir sportif

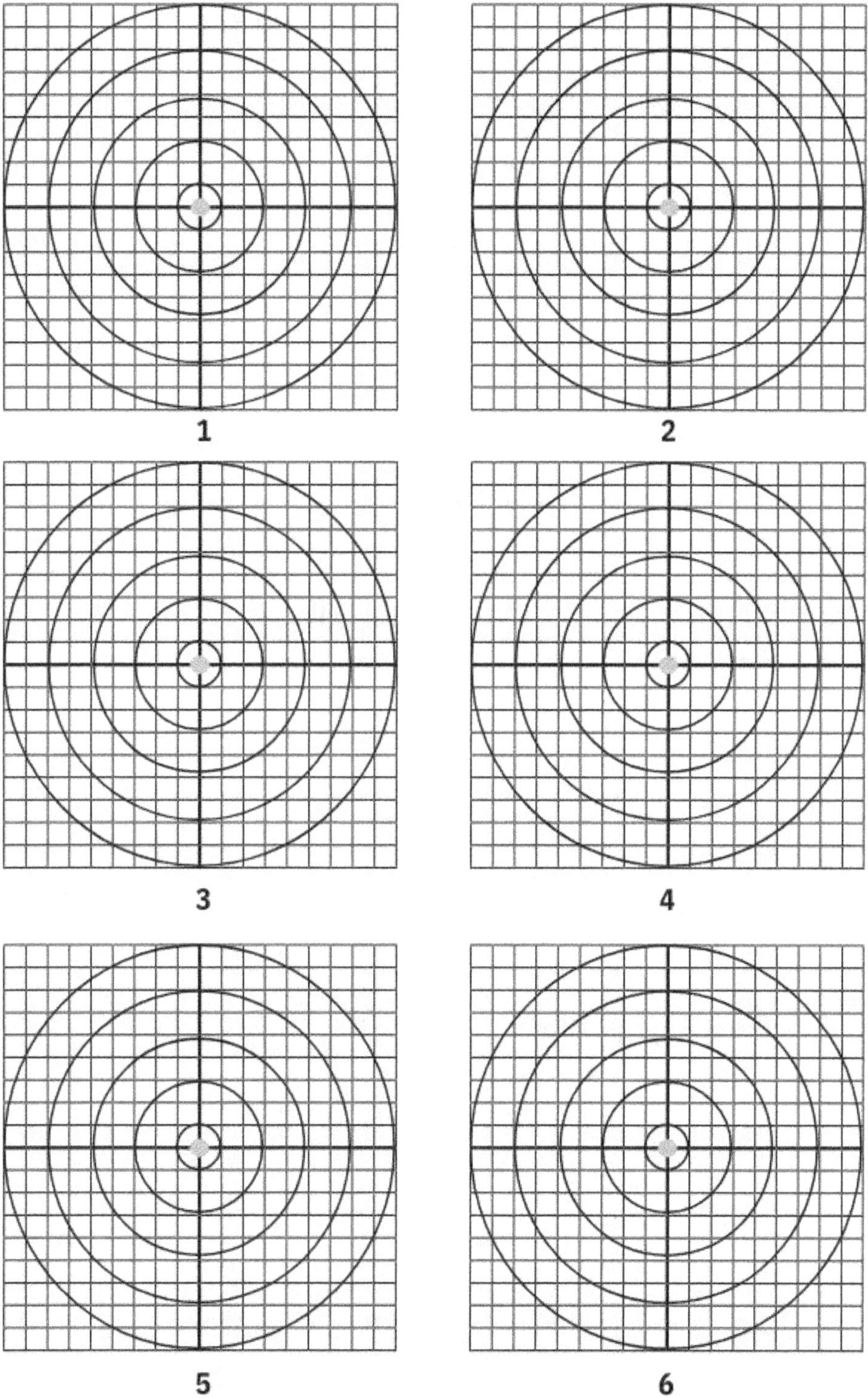

Une idée de cadeau parfaite pour les débutants et les professionnels

Livre de données sur le tir sportif

📅 Date: ________________   🕐 Temps: __________

📍 Localisation: ______________________________

Conditions météorologiques

☐ ☐ ☐ ☐ ☐ ☐ ___________

Armes à feu:	
Balle:	Profondeur d'assise:
Poudre:	Céréales:
L'abécédaire:	
Laiton:	
Distance:	

Résultats globaux

☐ Mauvais   ☐ Juste   ☐ Bon   ☐ Excellent

Notes complémentaires

____

____

☆ ☆ ☆ ☆ ☆

Une idée de cadeau parfaite pour les débutants et les professionnels

Livre de données sur le tir sportif

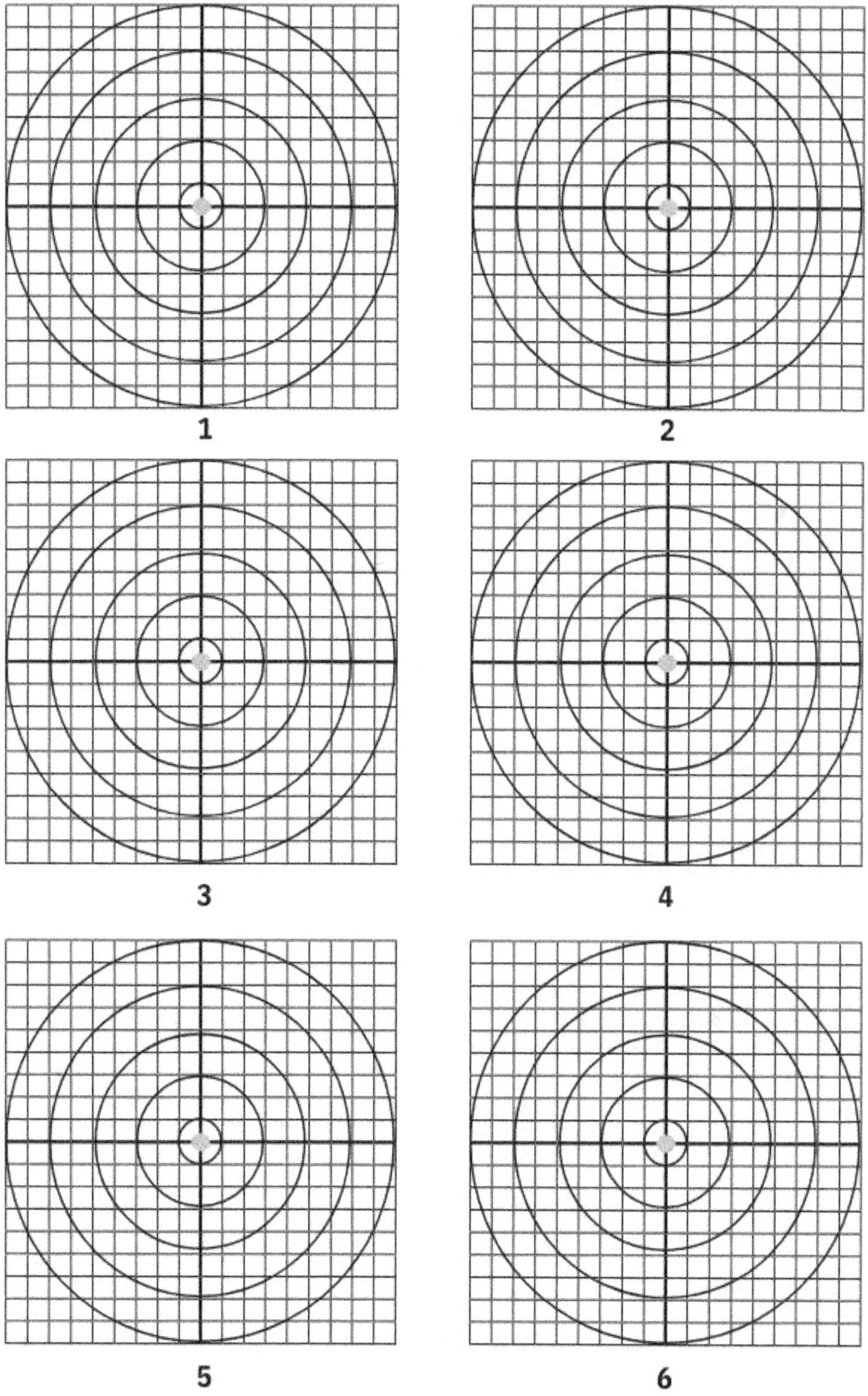

Une idée de cadeau parfaite pour les débutants et les professionnels

Livre de données sur le tir sportif

Date: _________________ Temps: _________

Localisation: _________________________

Conditions météorologiques

☐ ☐ ☐ ☐ ☐ ☐

Armes à feu:	
Balle:	Profondeur d'assise:
Poudre:	Céréales:
L'abécédaire:	
Laiton:	
Distance:	

Résultats globaux

☐ Mauvais ☐ Juste ☐ Bon ☐ Excellent

Notes complémentaires

____

____

☆ ☆ ☆ ☆ ☆

Une idée de cadeau parfaite pour les débutants et les professionnels

Livre de données sur le tir sportif

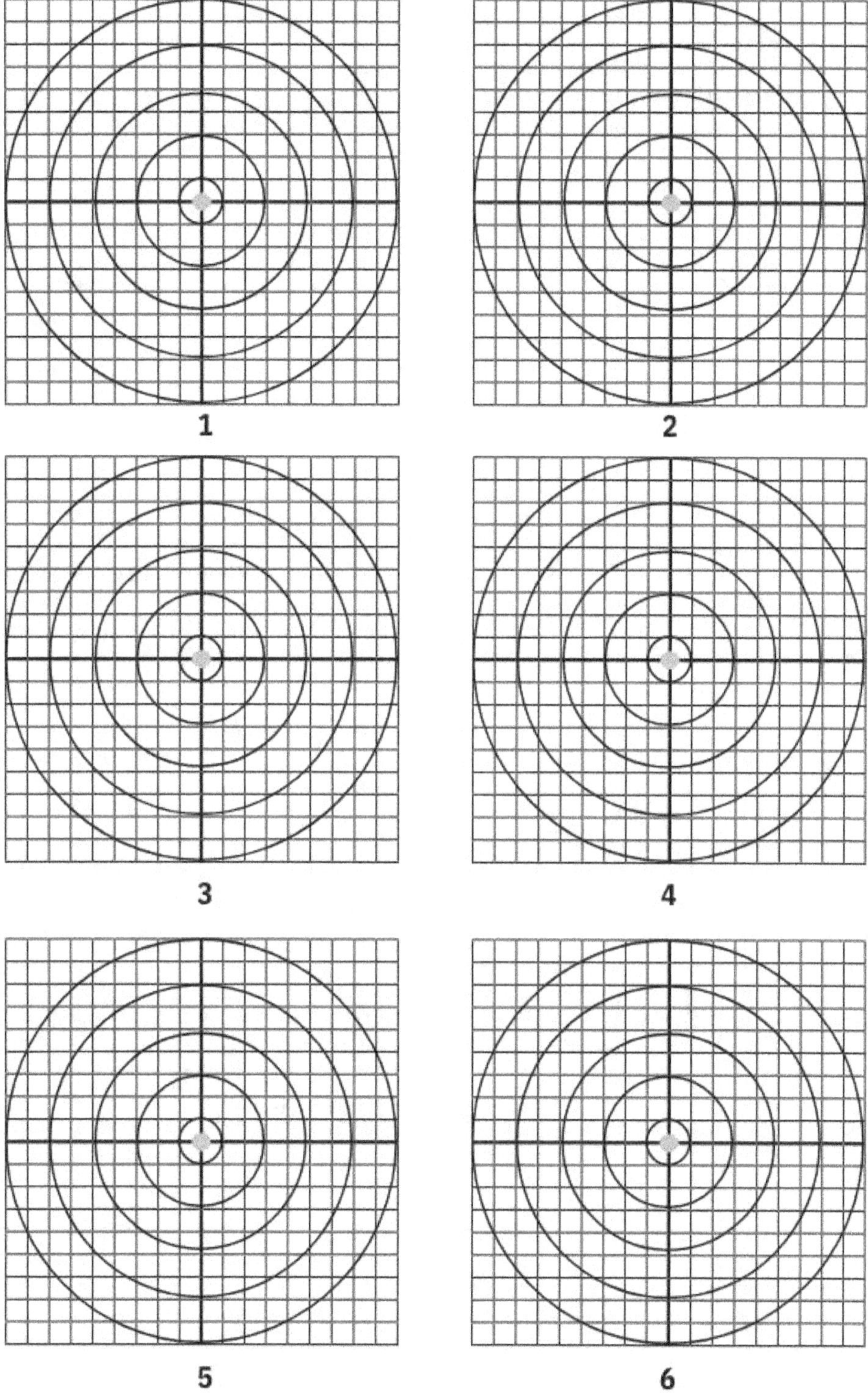

Une idée de cadeau parfaite pour les débutants et les professionnels

Livre de données sur le tir sportif

Date: ___________________ Temps: __________

Localisation: ___________________________

Conditions météorologiques

☐ ☐ ☐ ☐ ☐ ☐

Armes à feu:	
Balle:	Profondeur d'assise:
Poudre:	Céréales:
L'abécédaire:	
Laiton:	
Distance:	

Résultats globaux

☐ Mauvais ☐ Juste ☐ Bon ☐ Excellent

Notes complémentaires

____

____

☆ ☆ ☆ ☆ ☆

Une idée de cadeau parfaite pour les débutants et les professionnels

Livre de données sur le tir sportif

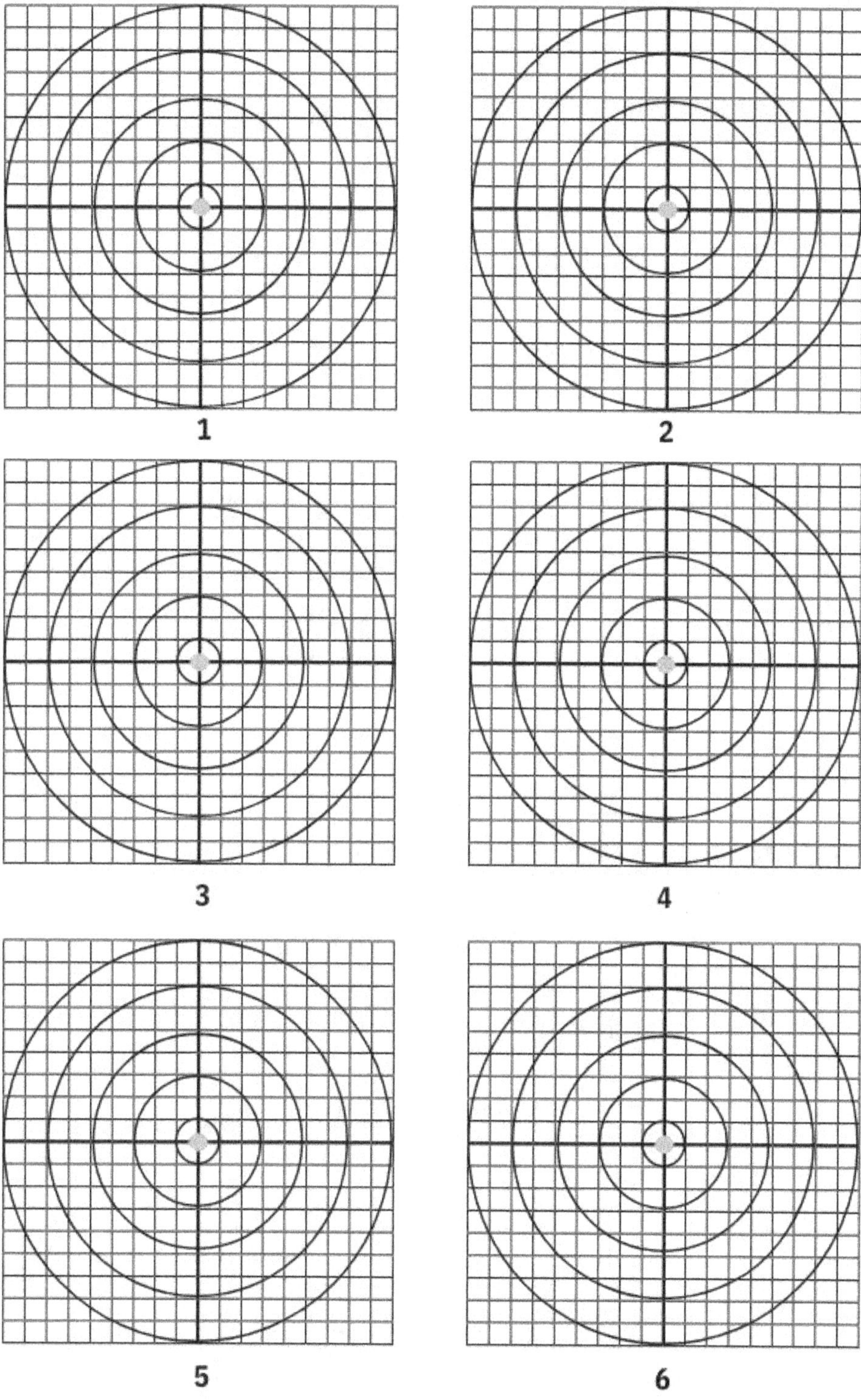

Une idée de cadeau parfaite pour les débutants et les professionnels

Livre de données sur le tir sportif

📅 Date: _______________________   🕐 Temps: __________

📍 Localisation: _________________________________

Conditions météorologiques

☐   ☐   ☐   ☐   ☐   ☐   ________   ________

Armes à feu:	
Balle:	Profondeur d'assise:
Poudre:	Céréales:
L'abécédaire:	
Laiton:	
Distance:	

Résultats globaux

☐ Mauvais   ☐ Juste   ☐ Bon   ☐ Excellent

Notes complémentaires

____

____

☆ ☆ ☆ ☆ ☆

Une idée de cadeau parfaite pour les débutants et les professionnels

Livre de données sur le tir sportif

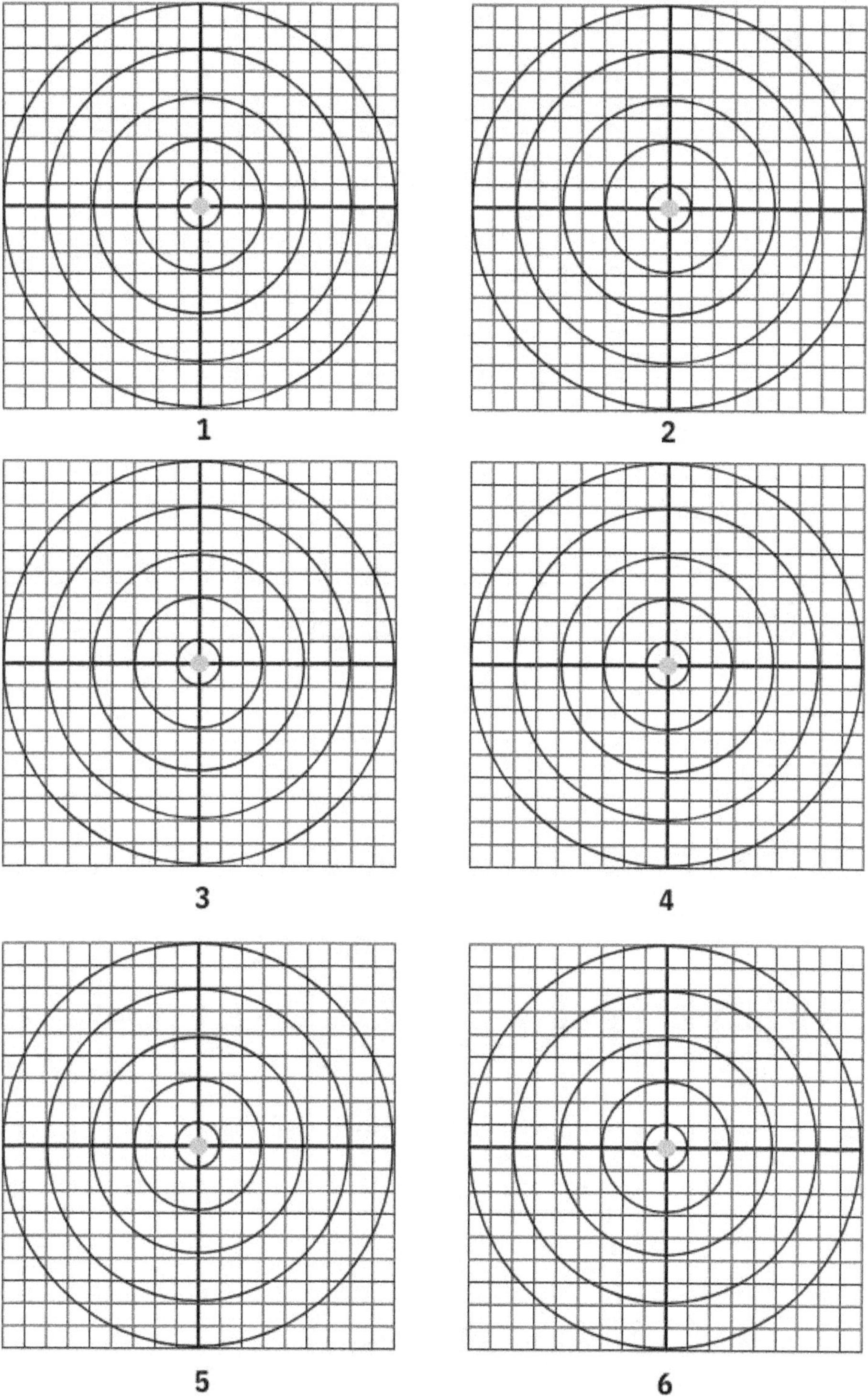

Une idée de cadeau parfaite pour les débutants et les professionnels

Livre de données sur le tir sportif

📅 Date: _________________________   🕐 Temps: __________

📍 Localisation: _______________________________________

Conditions météorologiques

☐ ☐ ☐ ☐ ☐ ☐ _______ _______

Armes à feu:	
Balle:	Profondeur d'assise:
Poudre:	Céréales:
L'abécédaire:	
Laiton:	
Distance:	

Résultats globaux

☐ Mauvais   ☐ Juste   ☐ Bon   ☐ Excellent

Notes complémentaires

____

____

____

☆ ☆ ☆ ☆ ☆

Une idée de cadeau parfaite pour les débutants et les professionnels

Livre de données sur le tir sportif

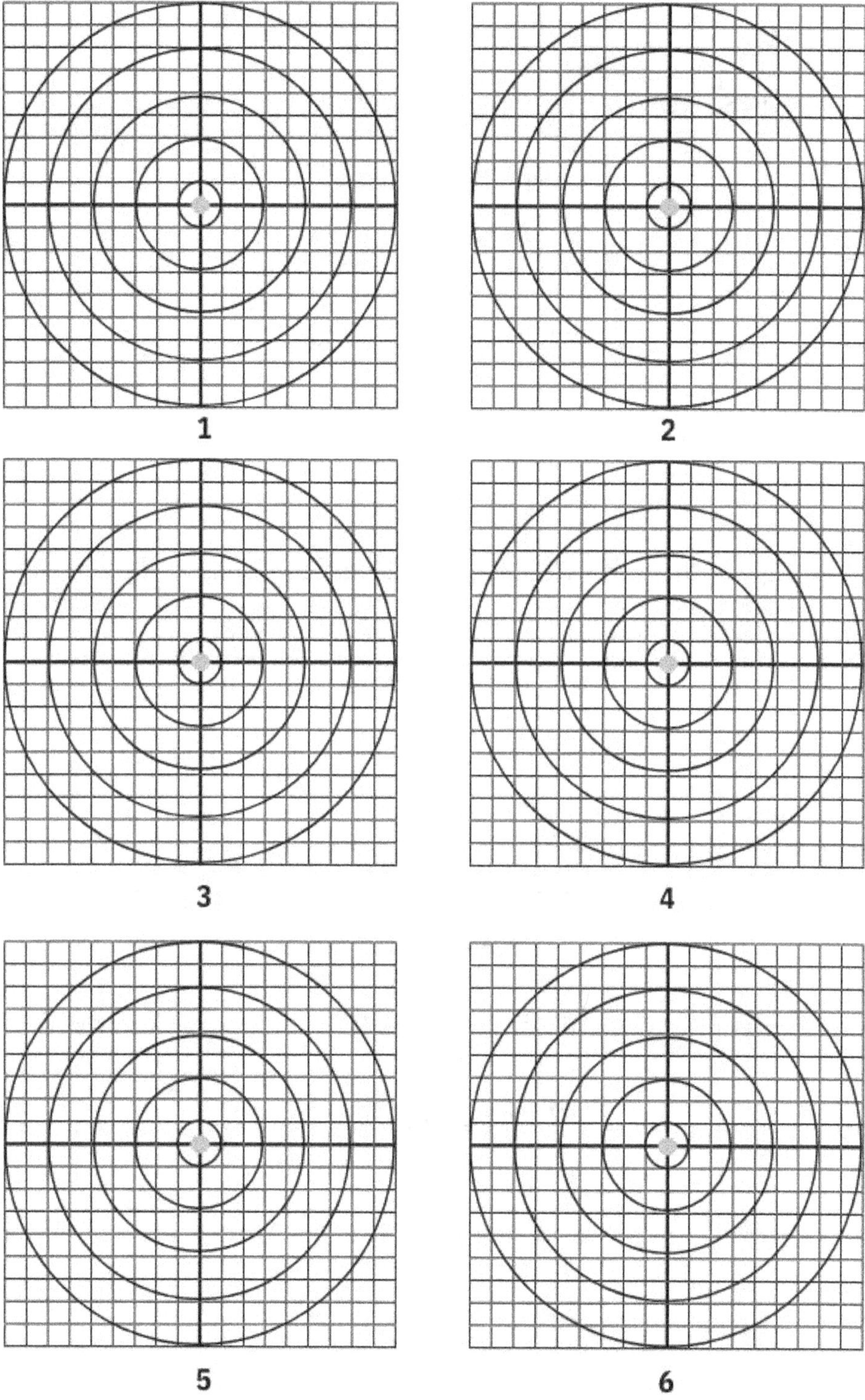

Une idée de cadeau parfaite pour les débutants et les professionnels

Livre de données sur le tir sportif

📅 Date: _______________________   🕐 Temps: __________

📍 Localisation: _____________________________________

Conditions météorologiques

☐ ☐ ☐ ☐ ☐ ☐

Armes à feu:	
Balle:	Profondeur d'assise:
Poudre:	Céréales:
L'abécédaire:	
Laiton:	
Distance:	

Résultats globaux

☐ Mauvais   ☐ Juste   ☐ Bon   ☐ Excellent

Notes complémentaires

____

____

☆ ☆ ☆ ☆ ☆

Une idée de cadeau parfaite pour les débutants et les professionnels

Livre de données sur le tir sportif

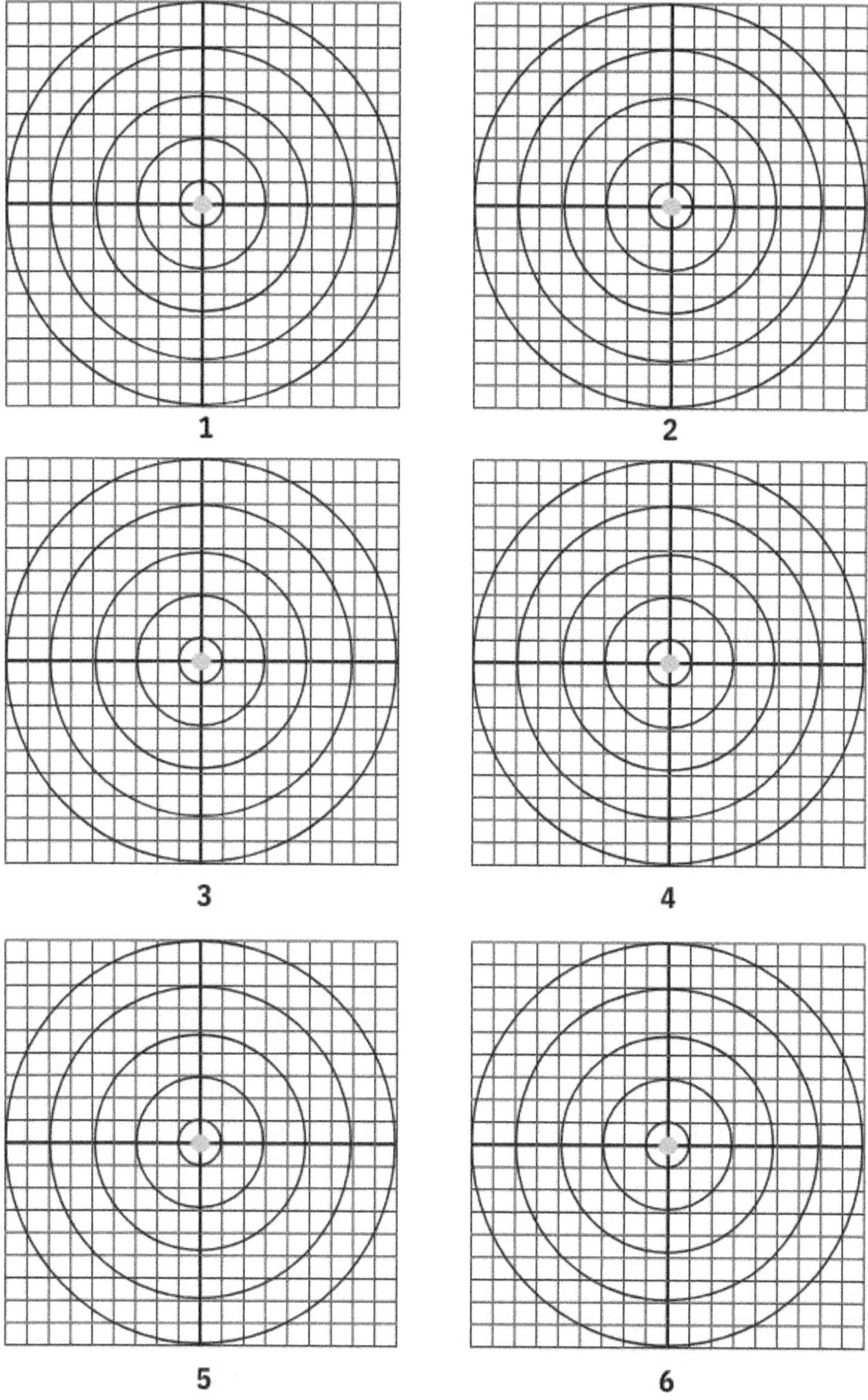

Une idée de cadeau parfaite pour les débutants et les professionnels

www.ingramcontent.com/pod-product-compliance
Lightning Source LLC
LaVergne TN
LVHW010546200726
843506LV00013B/2946